El fenómeno Índigo

Carolina Hehenkamp

El fenómeno índigo

Niños de una Nueva Era
El regalo de los niños índigo

Si este libro le ha interesado y desea que le mantengamos informado de nuestras publicaciones, escríbanos indicándonos qué temas son de su interés (Astrología, Autoayuda, Ciencias Ocultas, Artes Marciales, Naturismo, Espiritualidad, Tradición) y gustosamente le complaceremos.

Puede visitar nuestro catálogo de libros en Internet:
http://www.edicionesobelisco.com

Colección Obelisco Psicología
EL FENÓMENO ÍNDIGO
Carolina Hehenkamp

1ª edición: octubre de 2003
3ª edición octubre de 2004

Título original: *Das Indigo-Phänomen*

Traducción: *Renate Balzer*
Diseño portada: *Michael Newman*
Maquetación: *Olga Llop*

© 2001 by Schirner Verlag, Darmstadt
© 2003 by Ediciones Obelisco, S.L.
(Reservados todos los derechos para la presente edición)

Edita: Ediciones Obelisco S.L.
Pere IV, 78 (Edif. Pedro IV) 3ª planta 5ª puerta
08005 Barcelona - España
Tel. (93) 309 85 25 Fax (93) 309 85 23
E-mail: obelisco@edicionesobelisco.com

Depósito Legal: B-42.889 - 2004
ISBN: 84-9777-053-6

Printed in Spain

Impreso en España en los talleres gráficos de Romanyà/Valls S.A.
de Capellades (Barcelona)

Ninguna parte de esta publicación, incluso el diseño de la cubierta, puede ser reproducida, almacenada, transmitida o utilizada en manera alguna ni por ningún medio, ya sea electrónico, químico, mecánico, óptico, de grabación o electrográfico, sin el previo consentimiento por escrito del editor.

introducción

¡Los nuevos niños son de alguna manera diferentes!

Aunque yo misma no tengo niños, en otro nivel y con todo mi corazón y alma me siento madre. Desde hace más de diez años trabajo con mucho amor como terapeuta. Además ofrezco cursos de formación tales como: el desarrollo de la intuición, el trabajo de Luz y métodos de sanación. He tenido experiencias maravillosas con niños, amo su originalidad, su riqueza imaginativa y reconozco sus misiones y metas vitales. Una y otra vez me entristece ver con qué facilidad estos niños quedan traumatizados cuando su personalidad no es reconocida ni apreciada.

A lo largo de los años han venido muchas personas marcadas por la vida a mi consulta y a mis seminarios. Con frecuencia durante la terapia me explicaban que durante su vida nunca habían podido ser ellos mismos y por ello habían perdido el contacto con el niño interior, con sus deseos y visiones. He visto muchas veces como, incluso jóvenes en edad escolar, ya habían perdido su autoestima, no conocían la confianza y a veces ni siquiera les quedaban curiosidad y ganas de «vivir» su vida. Muchos adultos se emocionaban profundamente cuando redescubrieron sus sueños y tuvieron que reconocer que les quedaba un largo camino por recorrer para aprender a conocerse a niveles más profundos y para sanar su niño interior traumatizado. Gracias al intercambio en los grupos o mediante el contacto con los colores –que fue especialmente intenso durante las consultas de Aura-Soma– muchos recuperaron la sensación de su propio Ser y la visión de lo que yo siempre había visto en los seres humanos, su Ser auténtico y bello.

Una y otra vez meditaba sobre la posibilidad de evitar que estas personas sufriesen daños. Tenía claro que tenía que comenzar con los niños para realmente mover algo en nuestro mundo. El primer paso fue la creación de una red, el IINDIGO KINDER LICHTRING (véase anexo). La construí con gran entusiasmo y la red ya se extiende por todo el mundo. El libro que tiene en sus manos, otro impulso de mi deseo de proporcionar a estos niños un lugar adecuado en el mundo, supone el segundo paso. Para poder escribir este libro he aprovechado mi experiencia como terapeuta y maestra y lo he redactado en estrecha colaboración con médicos, maestros, terapeutas, padres y niños afectados. La meta de este libro consiste en alentar la colaboración entre los interesados –personas individuales al igual que grupos– para transmitir las soluciones ya encontradas y para descubrir juntos otras y nuevas posibilidades.

Desde hace ya algún tiempo la pregunta que surge una y otra vez es: «¿Qué les pasa a nuestros niños y jóvenes?». Cada vez hay más niños que muestran con su conducta que se niegan a aceptar las normas sociales establecidas, no quieren adaptarse. Con ese comportamiento ponen a sus padres y a su entorno social en un grave aprieto provocando una profunda inseguridad. La falta de atención, la dificultad para concentrarse y la hiperactividad infantil ya son conceptos bien conocidos. La percepción extrasensorial, mucha intuición y talentos paranormales no son nada excepcionales en estos nuevos niños. Muchos de ellos ya están en edad escolar o van a la guardería y exigen a todos los implicados que busquen nuevas reglas y que tengan nuevos entendimientos para con el trato con ellos. Exigen sobre todo líneas claras, sentimientos y límites claros, reflexiones claras y un amor puro, disciplina llana y mucha libertad. En el pensamiento ¿qué significa «normal»? Es terrorífico ver con qué frivolidad se está instalando la tendencia (procedente de EE.UU) de calmar con medicamentos a estos niños que tienen talentos paranormales o que sufren cualquier trastorno de déficit. Parece existir una orden de educar lo mejor que se pueda a esos niños conforme a las reglas de la sociedad y evitar de esta manera un paso evolutivo.

Sin embargo, creo que la conducta de estos niños ya no se puede explicar con nuestro desarrollo social «normal». En el trasfondo hay algo más. Este libro quiere enseñarle algunas cosas con respecto a ese trasfondo y también quiere ser una llamada a todos los seres humanos de este mundo para que haya una mayor concienciación del momento, un reconocimiento de la belleza que existe y que actúen en consecuencia.

¿Qué sucede actualmente en nuestro mundo?

A diario vemos que tanto los niños como los padres, maestros, médicos y terapeutas se sienten totalmente desvalidos y no saben qué hacer. Cada vez más se receta a niños entre 3 y 6 años, en edad de parvulario, fuertes medicamentos porque no se comportan según nuestras normas. ¿Es posible que debido a nuestra propia inseguridad estemos haciendo todo lo posible para que nuestros hijos reaccionen de manera adecuada a nuestra posición social? En este libro me gustaría demostrar que la existencia de estos niños tiene un significado mucho más profundo y que están en nuestro mundo para proporcionarnos una oportunidad de crecimiento. Si aprendemos a implicarnos con estos niños de una Nueva Era, también aprenderemos a implicarnos con nosotros mismos y comprenderemos nuestro Ser desde otro punto de vista.

En este libro se tratarán los temas relacionados con los niños índigo desde nuevas perspectivas y visiones prácticas. El libro quisiera invitarle a un viaje de descubrimiento en el que podrá conocer todas estas maravillosas habilidades positivas que aportan esos niños. También me gustaría señalar claramente que entiendo este libro como un trabajo creativo de pionero, ya que en el momento de su redacción no existían investigaciones científicas, estadísticas o médicas en las que me hubiera podido apoyar. Sólo disponía de mi propia experiencia y de la de muchos niños, padres y expertos con los que mantengo contacto.

Pero sobre todo, este libro quisiera animar a ver desde otra perspectiva a todos estos niños que son de alguna manera diferentes o que parecen ser unos trastornos de déficit con piernas. He escrito este libro para invitar a los lectores de las más diversas áreas a que se cuestionen nuestras creencias y reglas anticuadas. Nuestro mundo está muy orientado hacia lo material y mental y por ello se imponen límites. Los niños índigo –mensajeros de una Nueva Era– sin embargo, no tienen límite alguno, hecho que contradice la actual estructura de nuestra sociedad.

Con este libro quisiera ayudar a los lectores a construir un puente. Hoy en día existen muchos niños maravillosos y fuertes que vienen a nuestro mundo con cualidades, habilidades y cometidos extraordinarios. Parece que vienen siguiendo una petición para apoyar en su proceso de cambio a la humanidad y a la madre Tierra en este decisivo momento histórico. Vivimos en un momento en el que todo parece acelerarse: las informaciones se multiplican, nos aturden por su cantidad y rapidez con que aparecen y nos obligan a fiarnos cada vez más de nuestra intuición y nuestro discernimiento. Pero esto también significa que debemos estar cada vez más en contacto con nosotros mismos y ya no podemos tomar las decisiones exclusivamente con la mente. También debemos aprender a asumir la responsabilidad de nuestra propia vida, nuestras actuaciones, nuestros pensamientos, nuestros sentimientos, nuestra vulnerabilidad y de nuestros anhelos.

Los niños índigo tienen grandes misiones que cumplir, ya que son ellos los que pueden traernos la paz mundial gracias a su ausencia de limitación. Pero para poder desarrollarse necesitan que nuestro corazón esté abierto. Han venido a un mundo en el que muchas personas sufren teniendo, no obstante, miedo al cambio. Muchos han abdicado de sus sueños y con frecuencia ven el mundo exclusivamente a través de ojos ajenos. Han olvidado lo que significa vivir la esencia de la vida y sienten con frecuencia una terrible tristeza soterrada. Sin embargo, es vital recordar quiénes somos y que cada uno tiene que seguir su propio camino pudiendo elegir libremente. Los niños de la Nueva Era exigen que se les devuelva esta responsabilidad. Perciben quienes son, lo que es correcto para ellos y lo que no lo es. Normalmente saben muy bien lo que deben hacer y cómo realizarlo. Están llenos de amor incondicional, son tolerantes y les es ajeno juzgar. Su deseo colectivo es que les apoyemos para aprovechar los talentos que les son dados y para poder llevar a cabo su misión. También anhelan que la humanidad se acuerde de sus sueños y visiones y que los plasmen en sus vidas.

El libro que tiene en la mano no es un libro que cuenta historias de niños milagrosos ni tampoco es un libro de instrucciones acerca de cómo adecuar la conducta de sus hijos al sistema existente de la manera más rápida. Mi deseo es más bien aliviar los sentimientos de culpabilidad de los padres que tienen hijos índigo y mostrarles que son testigos de un maravilloso proceso de evolución, un proceso de cambio que estamos anhelando desde hace tanto tiempo. Quisiera hacer un llamamiento a todos los lectores para que juntos intentemos vencer las dificultades que supone esta transformación. Regalo mis conocimientos a los padres para inspirarles el valor necesario.

Lo primero que hay que hacer es encontrar el valor de cuestionarse a nivel personal la situación, analizarla y luego actuar con el corazón escuchando la voz interior. Hace falta tener el valor para cambiar la forma de pensar; el valor de asumir la responsabilidad que exige la situación de su hijo; tener el valor de reconocer los sentimientos de culpabilidad, disolverlos y atreverse a dar el salto a lo desconocido. Más aún, la transformación exige el valor de quitarle el poder al viejo sistema, el valor de amarse y aceptarse a uno mismo y a los demás y de atreverse a vivir los sueños propios. Finalmente, exige el valor de unirse a otros padres para conseguir para sus hijos lo mejor, gracias a la colaboración, el intercambio y el acuerdo en los intereses comunes.

Espero haber reflejado en este libro las necesidades de los niños índigo de manera clara para despertar en todos los padres y educadores la voluntad de modificar nuestro mundo. Los niños son lo más valioso que tiene este mundo. Son el futuro. A ellos les pertenece nuestro amor de manera especial. Se merecen lo mejor que les podemos dar. Intentemos juntos un nuevo comienzo. Cambiemos nuestra manera de pensar y dejemos que aflore la parte maravillosa, bella, luminosa, espiritual y amorosa de nuestros niños, eliminando la sombra que suponen los pensamientos cargados de enfermedad y síndromes. Una vez que hayan aflorado, estos niños pueden regalar al mundo y a la humanidad su amor incondicional e ilimitado. En realidad sólo existe una cosa: *el amor.*

Uno de los atributos más importantes del futuro es la integridad

El hecho de escribir este libro me ha llevado a revivir mi propio nacimiento en este planeta, la Tierra. Desde ese momento comencé a ver el mundo a través de los ojos de un niño índigo. A lo largo de los últimos meses me he enterado de que tengo un contrato espiritual con estos niños para registrar y transmitir sus mensajes y necesidades.

Guiado por un anhelo de algo que creí perdido y que tampoco pude describir, he caminado una y otra vez por el «sendero espiritual». Durante años de experimentaciones en las que he intentado ver con mis capacidades más allá de la superficie de la realidad y expresar mi sensibilidad de percibir energías, he descubierto lo importante que es ser un ser humano ya que es él quien establece la conexión entre el cielo y la Tierra.

Quise desarrollar una mayor comprensión con respecto a la relación existente entre las leyes espirituales universales, el cuerpo físico, bloqueos físicos y nuestro entorno energético y transmitirlo luego a los demás. El desarrollo del cuerpo de luz* y la integración del alma* en la personalidad han ocupado siempre un primer puesto. Me di cuenta de la importancia que tiene para el ser humano la observación de su vida desde una perspectiva más amplia. El actual estado de mi consciencia se debe a este camino. Ese enriquecimiento de mi vida me permitió comprender más y mejor a esos nuevos niños y transmitirlo a través de este libro.

Mientras escribí reaparecieron una y otra vez experiencias de la infancia y juventud. Querían ser revividos y sobre todo sentidos. En mi juventud no era fácil encontrar a adultos que

---

* Véase el glosario final.

estuvieran dispuestos a hablar sobre percepciones extrasensoriales. Más bien era una excepción cuando encontraba a alguien que me creía y me mostraba su confianza. Ya en mi infancia conocí a muchas de las conductas de los niños índigo. Sentí que era diferente, me costaba adaptarme y, a veces, el mundo entero me parecía algo muy ajeno. Mi sensibilidad perceptiva y una leve forma de dislexia tampoco me facilitaban las cosas. Yo era y me sentía diferente siendo al mismo tiempo completamente «normal». Tenía un fuerte deseo de ser reconocida y aceptada en ese «ser diferente», pero tuve que aprender a lidiar con el rechazo en las más diversas situaciones. Mi existencia artística, mi estrecha convivencia con perros y el diario paseo por el bosque fueron mi salvación. Los nuevos niños lo tienen ahora bastante más fácil, ya que en nuestro tiempo y en todas las capas sociales existen personas que están despertando espiritualmente. Ellas son capaces de ayudar a los niños índigo siendo simplemente un ejemplo para ellas mismas y para los niños.

Desde que estoy trabajando con este libro, veo todos los días cómo se emociona la gente cuando oye hablar de los niños índigo. Creo que probablemente reviven en su memoria algún recuerdo. Comienzan espontáneamente a sintonizar con estos niños y los reconocen. De modo que he escrito este libro con el deseo y con la visión de tocar el corazón de muchos padres. Mi mayor deseo consiste en ver cómo muchos dogmas, reglas y creencias que tapan desde hace mucho tiempo la luz, se desvanecen en el pasado. ¡Que maravilloso sería crear una vida llena de alegría y amor junto con estos niños! Para todos nosotros ha llegado el momento de salir del laberinto y encontrar nuestro centro para crecer juntos con los niños.

La era azul-índigo ha comenzado.

Con amor,

CAROLINE HEHENKAMP
28 de Marzo de 2000

Agradecimientos

Para escribir este libro hicieron falta detalladas investigaciones. He tenido muchas conversaciones con colegas, padres y personas que trabajan en parvularios y escuelas, con terapeutas y gente de distintas ramas profesionales. Quisiera dar las gracias a todos los que me han ayudado, agradecer su disposición, su comprensión y su amor hacia estos nuevos niños. Internet me permitió «navegar» alrededor del globo, y ha demostrado ser una herramienta comunicativa y rica en información. Durante esta fase se han forjado muchos y hermosos contactos internacionales.

Pero sobre todo he aprendido qué importante era tener a mi lado a algunas personas dispuestas a apoyarme incondicionalmente contra viento y marea y disfrutar de su confianza y lealtad. También quisiera dar las gracias a Hedda Jank, cromoterapeuta y psicoterapeuta infantil y juvenil, por brindarme sin límites su visión tan clara. Ella representó para mí el primer obstáculo que tuve que saltar. Luego quisiera agradecer a Jutta Beuke y Olivia Baeren, dos experimentadas «mujeres libro», la confianza que depositaron en mi proyecto. Ellas simbolizaban el primer portal por el que pasé. Gracias también a Angelika Dufter-Weis, pedagoga infantil y colaboradora del departamento de psicología para superdotados de la Universidad de Munich, por su ayuda franca y natural. De todo corazón quisiera darle las gracias a mi madre que sin saber mucho del proyecto, se había propuesto ayudarme en lo que podía. He escrito este libro en el sur de España acompañada por mis dos perros (dos Bearded Collies, uno de 10 y el otro de 15 años) que con su salud y ganas de vivir fueron un apoyo estupendo. Espero que el lector pueda percibir a través de estas líneas los rayos del sol sureño.

Muchas veces parece
que los niños índigo quieren ser tratados
como adultos, de tú a tú.
Esto no es correcto.
Lo que quieren es que se les
trate como almas, de tú a tú
y desean conservar
el máximo de tiempo posible
su maravilloso estado infantil

capítulo uno

El índigo y su significado

1. ¿Qué es un niño índigo?

El mundo entero está descubriendo que cada vez hay más niños que muestran un comportamiento llamativamente distinto y que no quieren adaptarse tan fácilmente a las normas vigentes tal como lo hicieron las generaciones anteriores. A estos niños se les llama los «nuevos niños» o también «niños de una Nueva Era».

En el libro *Understanding Your Life Through Colour* publicado hace ya muchos años, la cromo-terapeuta Nancy Ann Tappe es una de las primeras que plasmó el concepto de los colores vitales. Muchos integraron este concepto y trabajaron con él con éxito. Según su opinión cada persona tiene un color vital, a veces dos o más. Colores vitales son como fundas de color, son visibles en el aura y crean grupos de colores cuyos rasgos de personalidad son similares. Cada funda de color contiene determinados atributos fácilmente reconocibles cuando se sabe lo que hay que tener en cuenta.

Este libro trata de los nuevos niños, también llamados niños índigo. Un niño índigo es un niño cuyo color vital es el índigo, muestra los rasgos de la personalidad índigo y los expresa. En principio cada niño tiene su propio color vital. Existen los colores rojo, verde, amarillo y azul como colores vitales, pero también existen mezclas de dos o más de estos colores. El niño que tenga como color vital el índigo tiene rasgos de personalidad y de carácter poco frecuentes para nosotros y a veces difíciles y para nuestra sociedad es un niño que no será precisamente fácil de manejar. Por ello, a muchos padres y maestros se les está exigiendo en los últimos años que cambien su manera de pensar para tratar a los niños que les son confiados de manera distinta. Existen muchas señales en los colegios y parvularios de que hay algo «totalmente diferente» en estos nuevos niños.

El nombre de los niños de la Nueva Era tiene su origen en su color vital que es el índigo. Este color es sólo una de las características de los nuevos niños que vienen ahora a este planeta, pero por otro lado son tan parecidos que la mayoría de los terapeutas americanos ya los denominan «niños índigo» o «índigos». Dentro de algunos años, cuando sepamos más acerca de estos nuevos niños, probablemente será más fácil interpretar sus misiones, potenciales y características y tal vez será factible distinguir diferentes grupos.

He aquí algunas características comunes de la personalidad de los niños índigo:

- ✔ Reconocen en su fuero interno la verdad de la vida.
- ✔ Viven según principios superiores.
- ✔ Saben que deberíamos vivir en equilibrio con nosotros mismos y con nuestro entorno.
- ✔ Frecuentemente reúnen aspectos femeninos y masculinos en una sola persona (tipos andróginos).
- ✔ Saben que existen más cosas de las que vemos con nuestros ojos físicos.
- ✔ Creen que la materia y la vida física no son más que ilusiones. Saben que la vida es energía o consciencia viva.
- ✔ Saben que en el universo todo está conectado con todo. El tiempo, el espacio, y la forma no son conceptos separados tal como lo vemos nosotros.

- ✔ Sienten que toda vida debería ser respetada y tratada con integridad, amor y compasión.*
- ✔ Comprenden mejor los conceptos espirituales que los materiales.
- ✔ No permiten que se les limite con ideales o creencias anticuadas.
- ✔ No se les puede obligar a hacer algo en lo que no creen.
- ✔ No aceptan ser guiados por personas que no tienen las mismas escalas de valores que ellos mismos; ni siquiera la presión social les consigue subyugar.
- ✔ No creen en los conceptos de 'culpa' y 'castigo' y por ello resulta difícil castigarles.
- ✔ No quieren que se les encasille en alguna forma o algún compartimento.
- ✔ Tienen que poder vivir sus vidas orientadas según principios superiores tal como ellos lo entienden. En caso contrario, se vuelven depresivos, autodestructivos y miedosos.
- ✔ Son honestos, rectos e independientes.
- ✔ Con frecuencia no tienen una sensación corporal sana.
- ✔ Sus cinco sentidos son muy refinados y por ello son fácilmente irritables y se agotan.
- ✔ Son hipersensibles con respecto a la alimentación; lo que mejor les sienta es una alimentación natural y biológica.
- ✔ Se comunican con facilidad con animales, plantas, otros niños y con la naturaleza en general.
- ✔ Con frecuencia se les puede observar hablando con amigos «invisibles». Por ello se les encasilla muchas veces como niños con una imaginación exagerada o incluso como «psíquicamente llamativos».

* Véase el glosario final.

- ✔ Dado que sienten la vida que hay en todo, les cuesta separarse de las cosas. No dan un valor exagerado a lo material, pero aprecian el «espíritu» de las cosas.
- ✔ Les cuesta expresar sus conceptos en palabras. El lenguaje les parece muchas veces demasiado limitado.
- ✔ Ellos mismos no reconocen la diferencia entre el juego, la educación, las relaciones y el trabajo. Todos estos aspectos conforman para ellos una experiencia global.
- ✔ Son extraordinariamente sensibles y tienden al llanto fácil.
- ✔ Necesitan muy poco sueño, el justo para regenerar el cuerpo físico.
- ✔ Tienden a ser solitarios, ya que los demás niños o el entorno no suelen entenderlos o aceptarlos.
- ✔ Saben muy bien lo que es bueno o malo y por tanto no necesitan mucha disciplina. Lo que sí necesitan son estructuras claras.
- ✔ Cuando los padres y maestros no les permiten actuar según sus convicciones, lo único que consiguen es provocar mucha resistencia.
- ✔ Son sedientos de conocer y no quieren ni pueden aceptar respuestas rápidas y simples sólo porque son las tradicionales respuestas del pasado. Necesitan sentir que las respuestas son «auténticas».
- ✔ Les cuesta mucho identificarse con los temas comunes que se enseñan en las escuelas. En la mayoría de los casos no son capaces de ver la relación entre estos temas y la vida espiritual que es su baremo de las cosas.
- ✔ Con frecuencia se ocupan de compañeros discriminados o que han sido tratados injustamente.
- ✔ Tienen un marcado sentido de la justicia.

¿Luces o sombras de la personalidad?

Los niños índigo y muchos de los demás niños nuevos no tienen una gran carga kármica.* Nacen en lugares del mundo que ya están abiertos a una vida más consciente. Lo más importante que debemos comprender con respecto a estos niños es que deben desarrollar su personalidad y su carácter en la compañía adecuada, ya que bajo instrucciones falsas desarrollarán y expresarán más bien la parte sombría de su personalidad. Debido a que el camino está abierto hacia los dos lados, el cometido de los padres, de los maestros y del mundo entero es estar atentos y darse cuenta de cual es el camino que quisiéramos elegir todos. Los niños son el futuro y dentro de veinte años gobernarán nuestro mundo. Los niños índigo necesitan mucho espacio para poder vivenciarse a sí mismos a nivel emocional y espiritual. Necesitan mucha libertad para poder actuar según sus creencias, para vivenciar la vida. Estructuras claras, apoyadas por un amor incondicional, les ofrecen la fuerza que necesitan urgentemente para poder desarrollar y expresar la parte luminosa de su personalidad y de su carácter.

¿En qué se diferencias los niños índigo de otros niños?

A parte de las diversas características de la personalidad, la mayor diferencia consiste en la reacción que muestran estos niños ante situaciones conflictivas. A diferencia de otros niños, el niño índigo no se involucra emocionalmente en una situación conflictiva y se ha comprobado que tampoco se traumatiza con tanta facilidad.

El niño «normal» está más dispuesto a pasar por alto una humillación, se somete y cede antes, incluso, cuando se le trata injustamente. El niño índigo sin embargo, reacciona de manera más radical: si es tratado con altanería y puesto en ridículo, reacciona normalmente con una total retirada de confianza y esto puede tener consecuencias graves. Un niño índigo sabe per-

---

* Véase el glosario final.

fectamente cuando se le miente. Cuando se da cuenta de la mentira se retira y ya NO tiene confianza alguna en nadie.

Es difícil convencer a un niño índigo de que no puede obtener todo lo que se le antoje pues cree tener derecho a ello. Este/a niño/a es un rey o una reina y así se siente. Muchas personas que representan la autoridad, reconocen en sus ojos un orgullo totalmente inapropiado y piensan que son testarudos, tercos y difíciles. No obstante, bien entendidos y tratados con empatía son perfectamente capaces de desarrollar una auto-estima normal e integrarse en su entorno.

Los niños índigo pueden ser una *ben*dición o una *mal*dición. Todo depende del entorno en el que se encuentran. Si uno de estos niños se mueve entre muchos niños que todavía funcionan según «patrones anticuados», fácilmente será tachado de molesto y extravagante. En su fuero interno gritará: «¿Por qué no me reconoce nadie? ¿Por qué no me comprenden los demás niños? ¿Por qué me tratan de esta manera?» Se vuelve iracundo y frustrado y se rebela. Es un fenómeno que vemos cada día más en nuestro entorno social: en la familia, el colegio y el parvulario. Los niños índigo están dispuestos a cualquier cosa para defender y mostrar a todo el mundo su dignidad, su manera de ver las cosas y su sabiduría.

Tal vez sería bueno que nos preguntásemos cómo reaccionaríamos nosotros si tuviésemos esa gran sensación de pertenecer al mundo pero el mundo nos fuera hostil, sabiendo quiénes somos pero sin el reconocimiento de nuestro entorno. Y ¿qué haríamos si encima nos tacharan como alguien molesto y extravagante en lugar de tratarnos como los seres regios que realmente somos?

Como respuesta a la falta de respeto por su Ser, con frecuencia los niños índigo desarrollan los lados negativos de su carácter y de su personalidad convirtiéndose así en una carga aún mayor para sus familias y su entorno. Consecuencia de todo ello son los diagnósticos cada vez más frecuentes de, por ejemplo, SDA y SDAH (Síndrome de Déficit de Atención e inquietud motora o hiperactividad). Otros problemas son la agresividad con respecto a los maestros o el total aburrimiento, excepto cuando están en su «propio mundo» o jugando con el ordenador.

La desconfianza descomunal hacia los demás y el aislamiento social están a la orden del día.

Estos niños, o abandonan la realidad para sumergirse en su propio mundo para sobrevivir o harán todo lo contrario, es decir, se rebelarán y pedirán socorro a gritos. Este es el momento en el que muchos padres y maestros acuden a los fármacos psiquiátricos como única solución. Se lo dan a sus niños para poder llevar una vida familiar más o menos normal y en la que todos puedan desarrollarse. No hay duda que estos fármacos pueden servir de ayuda en un caso de emergencia, pero no deben ser considerados como solución única. Aquí hace falta un urgente cambio de enfoque. ¡Esto tiene que cambiar!

Hasta el día de hoy no existe una red mundial de los afectados: padres, maestros, terapeutas y educadores. Muy lentamente estamos empezando a intercambiar nuestra información con respecto a estos niños.

Internet es un medio moderno de alcance mundial que permite ese intercambio internacional. Es el momento perfecto, ya que cada vez nacen más niños con estas características y nos obligan con su comportamiento a abrir los ojos a nuestra realidad o mejor dicho, nuestra irrealidad. Una de las metas más importantes de este libro es, precisamente, aportar más información y fomentar el intercambio y la cooperación.

En los últimos años aparecieron en el mundo entero, además de los niños índigo, también otros fenómenos sorprendentes y extraños en relación con niños.

Los americanos Lee Carroll* y Drunvalo Melchizedek** transmiten desde hace algunos años una información valiosa y desde una perspectiva holística con respecto a la nueva generación. Después de haber llamado la atención del mundo, a muchos les parece como si se estuviese desarrollando una nueva «raza» de seres humanos que nos guiará durante el proceso de cambio.

He aquí algunos de los sucesos sorprendentes con respecto a los niños:

---

* Véase en el anexo final la voz Kryon. En el ámbito castellano Ediciones Obelisco ha publicado ya nueve de los títulos o canalizaciones de Kryon.
** *The Ancient Secret of the Flower of Life*. Véase el anexo final.

1. Existen niños que en el momento de su nacimiento dieron positivo en el test de SIDA, pero que al cabo de unos años en los correspondientes chequeos no mostraban ni rastro de la enfermedad. (Comprobado por la UCLA, Universidad California de Los Ángeles) Algunos de estos niños fueron testados a lo largo de varios años una y otra vez. Los resultados mostraron que no tenía un ADN común. El ADN, el ácido desoxirribonucleico, es el portador de toda la información hereditaria y con ello nuestro código genético. Esta información se esconde en cada una de nuestras células. Estos niños mostraron tener cuatro filamentos más de ADN que las demás personas y esto significa que están más evolucionados que la mayoría de nosotros, así de simple. Los resultados de los tests demostraron además que estaban completamente libres de enfermedades y que tampoco iban a enfermar en el futuro. ¡Sencillamente, son inmunes a todo! La UCLA ha efectuado tests de ADN en el mundo entero y supone que el 1% de la población mundial tiene este ADN diferente.

2. A mediados de los años ochenta se descubrieron en China a niños con unas capacidades paranormales extraordinarias: lo sabían todo, absolutamente todo. Estos niños podían ver a través de las paredes, eran muy, pero que muy intuitivos, tenían facultades extrasensoriales, además de otras muchas cosas. Más tarde se descubrieron en el mundo entero cada vez más niños (y adultos) con parecidas capacidades.

3. Existen unos niños que se llaman niños-resilience; *resilience* es una palabra inglesa y significa 'indestructible'. Los niños-resilience son niños que tienen la capacidad de que nada, aunque crezcan en circunstancias muy difíciles como por ejemplo en familias totalmente desestructuradas, les saque de su centro. Parece que su entorno no les afecta para nada y se mantienen completamente «intactos». También se les llama «niños invulnerables». Parece ser que en Suiza está comenzando una investigación sobre ellos.

Los diversos grupos tienen las siguientes características en común:

a. Están centrados en el corazón y están aquí en este mundo para amar.

b. Su pensamiento está forjado por la unidad, ser Uno y todo-es-uno.

c. Viven todo de un modo global, ya que perciben las cosas en diferentes dimensiones al mismo tiempo.

d. Conocen muy bien las leyes de la polaridad, sin embargo, no conocen lo 'bueno *versus* malo'.

El tema de los «niños de la Nueva Era» es muy actual. Muchos ya han empezado a investigar más a fondo para saber si existe algún conocimiento en alguna parte del mundo con respecto a estos niños tan diferentes. No hay duda de que están aquí, pero aún nos queda mucho más por aprender sobre estos niños. Sólo entonces podremos asegurar lo que muchos ya sospechan, es decir: ¡Existen niños en nuestro mundo que tiene un comportamiento totalmente diferente!

2. Características del color índigo

Existen diversos sistemas de trabajo con el color que identifican ciertas pautas de conducta del ser humano según determinados grupos de color. Por regla general es factible asignar colores ya que el significado simbólico de los colores como expresión de emociones y comportamientos es bastante extendida. Dichas agrupaciones de color son cada vez más precisas puesto que cada vez disponemos de una mayor perspectiva que proviene de años de observación.

Uno de estos grupos es el índigo y este color nos desvela de manera clara y certera las características y los talentos de este nuevo tipo de niños.

A continuación se presenta una lista desordenada de características del color índigo:

Características positivas del color índigo

- ✔ Ver más allá de la percepción física de los ojos.
- ✔ Equilibrio entre lo material y lo espiritual.
- ✔ Eléctrico, refrescante y depurador.
- ✔ Saber sin saber por qué se sabe.
- ✔ Conexión con un nivel más profundo de la intuición femenina.
- ✔ Tener el valor de pasar por el portal del mundo espiritual con confianza en aquello que no se puede ver.
- ✔ Neutralidad, objetividad y aceptación.
- ✔ Escucharse a uno mismo y confiar en la voz interior (comunicación interna).
- ✔ Búsqueda de la verdad espiritual.
- ✔ Fuerza y perseverancia.
- ✔ Confianza en uno mismo.
- ✔ Disciplina.
- ✔ Gran talento para la planificación y organización.
- ✔ Irradiar dignidad, mostrar un porte majestuoso (regio), elevado nivel de espiritualidad.*
- ✔ Ser oportuno, decir lo adecuado en el momento adecuado.
- ✔ Aspecto consciente de una consciencia superior: facilidad de percibir lo que pasó en el pasado y lo que sucederá en el futuro.
- ✔ Honestidad.
- ✔ Ausencia de egoísmo.
- ✔ Habilidad de distanciarse para poder ver las cosas desde una perspectiva superior.

* Véase el glosario final.

- ✔ Ausencia de miedos por uno mismo.
- ✔ Valor personal.
- ✔ Cierto grado de auto-control sobre todo en las áreas de concentración, meditación, visión interior y percepción extrasensorial.
- ✔ El intelecto está perfectamente controlado por una consciencia expandida.
- ✔ Depurador del flujo sanguíneo: capacidad de regeneración en general.
- ✔ Capacidad de controlar los flujos psíquicos de los cuerpos sutiles.
- ✔ Influencia en la visión, la audición y el olfato a nivel psíquico, emocional y espiritual.

Características negativas del color índigo

- ✔ Excesiva autocomplacencia
- ✔ Formalismos
- ✔ Orgullo
- ✔ Estrechez de miras
- ✔ Tristeza
- ✔ Rechazo
- ✔ Aislamiento
- ✔ Delirio de grandeza
- ✔ Idealismo irreal
- ✔ Apartarse de la realidad
- ✔ Problemas con la autoridad
- ✔ Sensación de soledad
- ✔ Depresión
- ✔ Lamentación, arrepentimiento e imaginación
- ✔ Rechazo de responsabilidades
- ✔ Tendencia a enjuiciar

Los escalones índigo del aprendizaje

Desde el punto de vista espiritual, todas las personas se encuentran en un determinado escalón de aprendizaje. Podemos ver estos escalones reflejados en las enseñanzas y cualidades energéticas de los correspondientes rayos cósmicos.* En cada vida trabajamos con un rayo de color y a lo largo del tiempo se nos instiga una y otra vez para que nos hagamos cargo de sus características y las pongamos en práctica.

Para mostrarle más cualidades del color índigo he reproducido aquí un listado del escalón índigo de aprendizaje:

Positivo:

1. *Libertad y Sencillez:* deseo de lo sencillo; libertad mental progresiva; independencia, naturalidad y serenidad.

2. *Amor por la paz:* reconocimiento de las leyes cósmicas; aspirar a actuar con amor incondicional en todas las situaciones.

3. *Imaginación y visualización:* la capacidad de ver imágenes con el ojo interno; percepción extrasensorial; discernimiento.

4. *Amor universal:* amabilidad sin prejuicios y sin esperar nada a cambio.

5. *El arte de la comunicación y de la transmisión:* la capacidad de influir a otros y de inspirarles; cuidado respetuoso.

6. *Camaradería tierna y compasiva* con el sexo opuesto.

7. *Comunicación:* la capacidad de transmitir sentimientos e ideas profundos. Ser capaz de expresar ideales superiores.

Negativo:

1. *Caos e inseguridad:* confusión con respecto a la propia posición y el conocimiento propio; comportamientos pusilánimes; incapacidad de tomar decisiones; desorden, falta de claridad, incapacidad de integrar ideas nuevas y de reconocer la verdad.

* (Enseñanza de los Rayos. Véase el glosario final.)

2. *Juicio:* discriminación, percepción negativa, aislamiento.
3. *Engreimiento:* es el resultado del enjuiciamiento y el pensamiento según una escala de valores (superior/inferior, mejor/peor, etc.); falta de moderación y también egoísmo, estrechez de miras, necesidad de justificación; el lado sombrío de Júpiter.
4. *Rigidez:* es el resultado de sentencias indolentes; esperar demasiado de uno mismo y de los demás; incapacidad de aceptar una salida negociada; comportamiento represivo.

El color índigo y sus correspondencias a otros niveles

A los diversos arquetipos, conductas, órganos o partes del cuerpo físico, piedras preciosas, plantas, minerales y animales también se les asigna un color determinado. Esto quiere decir que cada elemento irradia una vibración o frecuencia de color característica. Por ejemplo, la frecuencia de color dominante del oxígeno es el azul. A cada elemento le corresponde su propio color y vibración. Es por ello que es posible dar al cuerpo un elemento que le falta en forma de color, y este es, en principio, el tratamiento terapéutico más sencillo y al mismo tiempo el más exacto que se haya desarrollado jamás. Estamos hablando de la llamada cromoterapia. Para saber desde todos los puntos de vista por qué se denomina a los nuevos niños 'niños índigo' quisiera añadir aquí una pequeña lista de las correspondencias más importantes del color índigo a otros niveles:

✔ *Centro energético:* 6º Chakra*, también llamado tercer ojo o centro de la Consciencia Crística.
✔ *Sonido:* OM.
✔ *Fuerza:* energía eléctrica y telepática. Arquetipo: La sacerdotisa y el Mago.

* Véase el glosario final.

- ✓ *Glándulas y órganos:* hipófisis, epífisis, cerebro y orejas.
- ✓ *Gemas:* lapislazuli, diamante, azurita, fluorita, esmeralda índigo.
- ✓ *Sustancias químicas y minerales:* bismuto, bromida, hidrato de cloruro, cromo, bronce, hierro, plomo, potasio, estronio, titanio.

Con respecto a las gemas me gustaría aclarar algunas cosas, ya que las piedras que corresponden al color índigo permiten deducir, a su vez, alguna significación del los niños índigo.

El color índigo se corresponde sobre todo al diamante. El ojo físico percibe los rayos que emite el diamante de color blanco. Sin embargo, el verdadero color del diamante se desvela sólo cuando uno lo observa con un prisma: cuando uno mira a un diamante bajo un prisma, éste resulta ser de color azul-índigo. Por otra parte el diamante también es conocido como «rey de los cuarzos». Simboliza el sol central del sistema solar, una fuerza que se contiene en sí misma y no necesita ser «recargada». A continuación encontrará una lista con las características del diamante. ¡Verá que se parecen mucho a las peculiaridades de los niños índigo (véase el listado más arriba)!

Atributos del diamante en las enseñanzas sobre las piedras preciosas:

- ✓ Estimula la unidad, el amor a uno mismo y a los demás.
- ✓ «Piedra de la inocencia», despierta la pureza y persistencia.
- ✓ Aporta confianza en las relaciones y situaciones.
- ✓ Aporta confianza en las propias características emocionales.
- ✓ Da alas a la creatividad, imaginación y espíritu de investigación.
- ✓ Activa el chakra corona.
- ✓ Permite levantar el velo que cubre la mente para así poder reconocer mejor el camino personal.
- ✓ Ayuda a que uno permita que la plenitud tome forma en todas las áreas de la vida.

3. Luz y color

La luz es un fenómeno que experimentamos todos. Conocemos la luz desde los tiempos originarios como el opuesto a la oscuridad. Sabemos que cuando el sol sale por el este vuelve la luz diurna y, cuando el sol desaparece por el oeste retorna la oscuridad. Utilizamos la luz para iluminar nuestros hogares y calles y para que se vuelvan visibles cosas que estaban en la oscuridad. ¿Pero qué es la luz en realidad?

En los tiempos antiguos se denominaba luz al opuesto de la oscuridad, pero hoy en día sabemos que la luz es una forma de energía. La luz se expande en forma de ondas al igual que las ondas que se forman cuando uno tira una piedra a un estanque. Los rayos u ondas de luz se propagan en un espacio vacío o en uno cuya materia sea invisible en líneas rectas y en todas las direcciones.

Los cuerpos emanan rayos de luz que llegan a nuestro ojo:

1. Recibimos la luz directamente de un cuerpo que es una fuente de luz y que produce su propia luz como puede ser por ejemplo el sol.

2. Recibimos la luz de forma indirecta, porque es reflejada por un cuerpo, como por ejemplo la refleja la página de este libro y ello hace posible que pueda leerse.

En 1672, Isaac Newton demostró que la luz blanca se compone de diversos colores. Cuando cae sobre un prisma la luz se fragmenta en los colores del arco iris: rojo, naranja, amarillo, verde, azul, azul-índigo y violeta. Si ahora se deja caer estos colores sobre un prisma colocado al revés, vuelven a convertirse en el color blanco. Estos son los colores que el ojo humano es capaz de percibir siempre y cuando no sea daltónico. Todos los colores juntos forman el espectro de colores y por ello también se les denomina colores espectrales. Cada uno de estos colores espectrales corresponde a una determinada longitud de onda de los rayos de luz.

El ancho de la banda de colores es, por supuesto, mucho más amplio. Los animales, por ejemplo son capaces de ver más allá de este espectro de colores, es decir son capaces de percibir la luz infrarroja o ultravioleta. Las plantas sacan su energía principalmente de la luz solar, sobre todo de la parte infrarroja que es invisible para nosotros. También nosotros, los seres humanos sentimos la energía procedente de la luz infrarroja y ultravioleta ya que, en caso contrario, no nos quemaríamos ni sentiríamos el calor de la luz solar. El hecho de que no percibamos esta luz o dicho de otra manera, no percibamos sus colores, es debido a la limitación de nuestros sentidos. A veces sucede que uno percibe colores maravillosos en la naturaleza o en un sueño, sin embargo, luego no se es capaz de describirlos, ya que van más allá de la percepción visual «normal» y nuestro lenguaje no tiene palabras para ellos.

¿Cómo se produce el color?

Las moléculas de color contienen algunos electrones que se mueven libremente, no están ligadas a ningún núcleo individual del átomo, sino que rodean la molécula entera. Los colores específicos del espectro tienen diferentes longitudes de onda que se expresan en nanómetros. La longitud de onda de la luz roja (cálida) es mucho más amplia que la del color violeta (refrescante). Muchas personas son capaces de percibir, independientemente de su nivel de consciencia, diversos colores o experimentan una intensidad distinta de los mismos. Por ello existen tantos sistemas diferentes de colores, cromo-terapias e interpretaciones de los colores. Los clarividentes que han llegado a un nivel muy alto de consciencia ven colores en el aura de las personas que otros, videntes o no, perciben totalmente diferentes.

El espectro de color que contiene los colores básicos como rojo, naranja, amarillo, verde azul, azul-índigo, es sólo una parte del campo electromagnético que nos rodea. Otros componentes son por ejemplo los rayos del sol, los rayos procedentes de una bombilla, de la plancha, del fuego de un horno, de la calefacción, de la radio, de la televisión, del microondas, de los radares o de los rayos cósmicos irradiados por el universo. Sin embargo, nuestros ojos pueden percibir sólo una parte de las vibraciones de los colores como son aquellos que pertenecen al ámbito de los colores espectrales. Es por ello que en muchos sistemas de color se denomina la luz con la que se trabaja, luz viva y visible.

Nosotros, los humanos, junto con las plantas y los animales (excepto los seres unicelulares) emitimos luz de intensidad diversa y de reparto espectral particular (esto quiere decir colores diferentes). Fue en los años setenta cuando se empezó a medir esta energía y se demostró en miles de experimentos efectuados en todo el mundo: ¡las células vivas transmiten mediante fotones* información biológica! Nuestro cuerpo es un mecanismo impresionante e inimaginablemente complejo. En un solo segundo tienen lugar unos 50.000 procesos de regulación, gracias al metabolismo bioquímico de la célula. Las sustancias químicas como por ejemplo la alimentación, los medicamentos o sustancias venenosas influyen desde fuera en estos procesos. Los colores tienen un significado muy importante en toda esta fase.

Los colores son imprescindibles en nuestra vida. Para el ser humano, la luz y el color forman desde los tiempos más remotos una unidad. Los rayos de luz que caen sobre una materia son reflejados por ella. Este rayo reflejado aparece, dependiendo de su longitud de onda, ante el ojo humano como un color determinado. Como parte de la luz, los colores también son parte de la vida y por ello forman parte del Todo. Absorbemos luz y vibraciones de color que tienen además de un efecto fisiológico, un efecto psicológico. El ser humano como parte del cosmos y de la materia terrestre, depende de las leyes dadas por su entorno y reacciona ante ellas. Pero no sólo reaccionamos ante aquello que nuestro ojo percibe como algo visible sino que también reaccionamos ante lo invisible. ¡El ser humano forma parte de un Todo y la luz y el color son parte de nuestra vida y ejercen una influencia decisiva sobre nuestro Ser! (Véase los ejercicios de color del capítulo 8.)

* Véase el glosario final.

Debido a que la capacidad de diferenciación de colores es tan clara en personas con una visión normal, tal como describimos anteriormente, las discrepancias con respecto a la determinación del color de las cosas materiales es en comparación mínima. Gracias a ensayos prácticos con un gran número de personas, se ha podido establecer un sistema de color que es la base consensuada para todo el mundo.

4. Los colores de la vida

En principio existen dos maneras para averiguar el color de su vida.* Si utiliza el primer método, debe leer cuidadosamente la descripción de todos los colores y luego piense cual de ellos se corresponde mejor con su personalidad. En el segundo método se utiliza un test de color en el cual responde a una serie de preguntas. Según la puntuación obtenida, encontrará su color vital. El descubrimiento de su color vital le puede ayudar a comprender mejor su misión en la vida y la meta de la misma. También le aclarará por qué tiene una afinidad mayor con algunas personas. (En la bibliografía encontrará títulos de libros que hablan de la cromo-terapia.)

Lo importante es darse cuenta de que, a veces, existe sólo una diferencia sutil entre algunos colores vitales. Por ejemplo, puede darse el caso de que todas las personas que tienen el azul, el amarillo y el violeta como color vital muestren las mismas cualidades emocionales. Todas tienen el mismo deseo de establecer una relación, pero por razones diferentes. Todas tienen una gran necesidad de ayudar a los demás, pero cada uno a su manera. A una persona «azul» le gusta ayudar a las personas con consejos, enseñanzas o cuidados individuales en el terreno de lo emocio-

---

* El hecho de que el lector conozca otra clasificación de colores no necesariamente se contradice con lo expuesto aquí. David Tansley dice en su libro *El Aura del Ser Humano:* «Ni siquiera las viejas escuelas filosóficas se ponían de acuerdo con respecto a los colores que adjudicaban a los distintos centros. Hay buenas razones para ello y se explica por el hecho de que el iniciado realmente ve colores diferentes a medida que profundiza en el chakra. El color se modifica en el momento en que las energías pránicas específicas se activan en el chakra».

nal. (Una enfermera «azul» probablemente pueda ayudar más a nivel emocional a un paciente que ocuparse de su bienestar corporal.) Una persona «amarilla» quiere ayudar, pero no quiere involucrarse demasiado. Una persona «violeta» quiere ayudar a los demás y prefiere que sean muchos a la vez; es alguien que da fuerza a las masas o las inspira, aunque no suele tener la paciencia o el deseo de ayudar a una sola persona.

Si sigue alguno de estos métodos cuidadosa y atentamente, sentirá intuitivamente cual de los colores o qué dos colores se corresponden más con su personalidad, su auténtica personalidad. Según las estadísticas existen tantas personas con un sólo color vital como las que tienen dos colores. La persona que tiene dos colores vitales suele vivir uno de ellos con mayor intensidad.

La personalidad roja

Se expresa a través de su sensualidad y su cuerpo físico. Vive en el «aquí» y el «ahora» con valor, fuerza y confianza en sí misma y cree solamente en aquello que puede tocar, oír, oler o ver. No piensa de manera abstracta y ama los aspectos físicos de la vida. En círculos espirituales muestra una preferencia por el «hacer», construye iglesias, organiza reuniones y le encanta bailar y cantar con el grupo. Prefiere siempre los retos corporales a los emocionales y espirituales.

Lo que le gusta es trabajar en cosas concretas y ayudar a los demás a poner en práctica sus ideas. Puede ser honesta y muy directa, pero también puede estar de muy mal humor y ser colérica*. Le encanta luchar, pero debería canalizar su rabia a través del deporte. Tiene un increíble instinto de supervivencia, dispone de una gran cantidad de energía y perseverancia. Es optimista, digno de confianza, vital y leal. Por otra parte puede reaccionar enfadada, frustrada, puede ser estrecha de miras y testaruda.

* Clasificación de los temperamentos: *Sanguíneo* = alegre, vivaz; *flemático* = lento, sólido; *melancólico* = triste, callado; *colérico* = iracundo, activo

En la fase infantil:

Es aplicada y está dispuesta a acabar lo que ha empezado, pero también puede ser terca y enfurecerse, se involucra fácilmente en una pelea. No quiere ser un líder, pero tampoco le gusta que le empujen de un lado para otro. Muestra una personalidad independiente y fuerte y en el colegio prefiere la mecánica, los trabajos con madera y las clases de cocina. La filosofía no le interesa a no ser que tenga una utilidad práctica. Necesita mucho reconocimiento, le aterra que le regañen públicamente y le encantan las recompensas. Es impaciente y suele mostrar sus sentimientos con mucha excitación. Tiene que aprender a comunicarse de manera amistosa.

La personalidad naranja

Busca lo sensacionalista, le encanta la emoción, el riesgo y el peligro físico. Va hasta el extremo para sentirse viva: experiencias de vida o de muerte, no importa, siempre y cuando haya un buen «chute» de adrenalina. Es muy realista y no le gustan los conceptos espirituales. Tiene mucha capacidad de evaluar a las personas y situaciones para poder prepararse mentalmente. Vive por regla general en su mundo, tiene valor, confianza en sí misma y puede salvar a otros de situaciones peligrosas. Por otro lado puede ser muy egoísta y egocéntrica, sin compasión ni sensibilidad. No soporta las características amables y emotivas, puede ser frío y distante. El sentido de su vida consiste en sobrevivir a las aventuras y no le gusta que le pongan límites.

En la fase infantil:

Los niños naranja son aventureros, les encanta escalar y saltar al agua, cuánto más alto y desde lo más alto, respectivamente, mejor. Son temerarios y permanentemente están investigando su entorno y exigiendo. Sus padres se preocupan con frecuencia por su seguridad física mientras el niño sólo piensa en la siguiente aventura. Con estos niños pueden surgir problemas de disciplina.

La personalidad amarilla

Es una personalidad infantil con mucho sentido del humor y con rasgos juguetones de carácter. Le encanta reír, ve la vida como algo alegre, relajado y lleno de diversión. Aporta ligereza y espontaneidad. Le satisface gustar y llamar la atención; es una amiga para todos. Al mismo tiempo es sensible, fácilmente vulnerable y vergonzosa. Es ágil y necesita mucho movimiento y juego, en caso contrario hay peligro de toxicomanía. Es creativa y tiene talento artístico. Los animales aman a las personas «amarillas». Siente cuando alguien está preocupado, pero no quiere involucrarse; tiene un efecto sanador mediante el tacto intuitivo. Es rebelde, carece de disciplina y teme la responsabilidad.

En la fase infantil:

Es dolorosamente vergonzosa e insegura o todo lo contrario. Sale corriendo, es fácilmente intimidada y tiene miedo a no ser querida. Si se siente segura puede ser alegre y entretenida, con frecuencia es el payaso de la clase. Es activa, curiosa, muy ágil y le cuesta quedarse quieta. Se concentra mejor cuando puede moverse. Ama los viajes en coche y tren, este «movimiento» la tranquiliza y la impulsa a ser creativa. Quiere aportar alegría y reacciona rápidamente al castigo físico. Necesita libertad para ser vivaz, alegre, cordial y divertida.

La personalidad verde

Es una personalidad muy inteligente, llena de fuerza y franca, organizada y eficiente; piensa deprisa. Le encantan los conceptos e ideas, pero no le interesan los detalles. Le gusta el reto y el riesgo, tiene una fuerte voluntad y le agrada discutir. Necesita tenerlo todo bajo control ya que en caso contrario se siente frustrada, estresada y llena de preocupaciones. Quiere comprenderlo y experimentarlo todo y ama los retos mentales. Quiere saberlo todo, aprende rápido y colecciona diplomas. Es ambiciosa y es adicta al trabajo.

En la fase infantil:

Es muy inteligente, pregunta mucho y aprende rápido. Tiene una fuerte voluntad y es dominante y por ello exige mucho de sus padres. No le gusta que le digan lo que tiene que hacer, prefiere dar órdenes. A menudo es más adulta que los adultos y quiere que se le respete y escuche. Se frustra cuando las cosas no son como ella quiere, puede llegar a ser escandalosa y ser «molesta». Necesita apoyo durante la fase de desarrollo y puesta en práctica de sus planes. Tiene éxito y saca buenas notas.

La personalidad azul

Es amorosa, nutre y apoya. Vive desde el corazón y en la emoción. Tiene una energía maternal, cuida a los demás, es la consejera que da fuerza. Es maestra y cuidadora por naturaleza. Es amiga de sus amigos, pero tiende a preocuparse demasiado y por ello enferma. Es sensible, cuidadosa y una buena anfitriona. Es una personalidad emocional, de lágrima fácil, sabe amar incondicionalmente y tiene una fuerte intuición. Es capaz de aceptar y perdonar y ve lo positivo de las personas. Con frecuencia se la tilda de «demasiado amable» y tiene que aprender a decir «no». Sintoniza fácilmente con las personas y situaciones y en su fuero interno sabe lo que hay y es muy espiritual. Sigue su fe y tiene la habilidad de convencer. Quiere que la amen, no obstante, tiene problemas de autoestima y culpabilidad. Tiende al victimismo y a llevar una vida de mártir. Puede volverse depresiva y por ello tiene que aprender a amarse a sí misma. Le encantan las relaciones y es romántica.

En la fase infantil:

Es amorosa, sensitiva y emocional, intenta agradar a los padres para que la quieran. Quiere ayudar, no quiere desengañar ni herir a nadie. Tiene buenos modales, es tranquila, juega sola, se preocupa por todos aquellos que no se encuentran bien o que están solos. Le interesan las relaciones y desde muy joven sueña con un matrimonio feliz y con muchos hijos. Tiene problemas con la autoestima y tiene muchas experiencias traumáticas con amores no correspondidos. Otros niños la adoran y tiene ideales elevados.

La personalidad índigo

Es muy espiritual, tiene un sexto sentido para lo auténtico de la vida. Conoce las antiguas enseñanzas místicas, es muy sensible y sabe que todos somos seres espirituales. Para ella, la cruda realidad y la materia son nada más que ilusiones ya que la vida es, en realidad, energía divina, todo es consciencia y energía. Es consciente, clara, creativa e independiente, vive según principios superiores. Le encanta aprender y saber, busca el conocimiento para comprobar su verdad interna. Hace lo que le parece correcto. La presión social o el chantaje no funcionan con ella. No conoce los conceptos de culpa y castigo; es honesta, directa y no permite ser encasillada. Resulta difícil de manipular; es apasionada y abierta, tiene mucha comprensión de lo que significa ser un humano. No habla mucho, le gusta retirarse, entiende la vida como una gran experiencia. Puede ser miedosa, se desorienta con facilidad, se siente perdida y aislada. A veces se siente como un extraño en este mundo, frecuentemente se siente confusa con respecto a las cosas terrenales y es difícil de comprender. Tiene que confiar en su voz interior y seguirla.

En la fase infantil:

Es un niño muy consciente, abierto y sensible y por lo tanto fácilmente confundido, hecho que hace que se vuelva miedoso o se sienta arrollado. Necesita poco sueño, le gusta estar solo y no tolera que se le obligue a nada. Ni el castigo, ni los ruegos, ni el sentido común ni la fuerza física pueden provocar un cambio de idea una vez que cree en algo. Si, a pesar de todo, se le obliga se vuelve miedoso y se aísla o se rebela totalmente. Quiere saber, pero necesita respuestas «auténticas», siente la mentira de inmediato. No comprende la relación que pueda existir entre la materia escolar y la espiritualidad.

La personalidad violeta

Es muy dinámica y tiene carisma. Está aquí en el planeta para ser un líder, para salvarle. Tiene que activar y vivir ahora su misión vital. Tiene una gran profundidad emocional y siente compasión por todo el mundo. Ama la música y sana gracias a ella. Es visionaria. Ama los viajes, otras culturas y necesita mucha libertad. Puede ver «lo futuro». (Por ejemplo: puede ver un cuadro antes de ser pintado.) Está segura de que la Tierra sobrevivirá y tiene un mensaje para la humanidad. Reconoce perspectivas superiores, no obstante, se le tacha con frecuencia de «soñador». Quiere ser el centro y también puede ser narcisista, arrogante y pomposa. Tiene tendencia a ser dictatorial y debe aprender que todos somos parte de un Todo. Es capaz de realizar muchas cosas a la vez o todo lo contrario, es decir, está mentalmente como paralizada, necesita la meditación para equilibrarse. Cree que todo tiene que ser fácil y espera la ayuda del universo.

En la fase infantil:

Es un líder nato, otros niños le siguen. Dentro de su fuerza muestra mucha empatía, y suele dar un buen uso a su poder. A nivel sexual se orienta muy temprano y experimenta con su cuerpo; los padres deben tratar este tema con cuidado para mantener la naturalidad de la expresión corporal. Le gusta el arte, le encanta leer e inventa sus propios cuentos. Tiene una capacidad única de percepción. Los «violetas» son los primeros que pueden ver el aura, los ángeles, otras dimensiones u ondas energéticas. Los padres harían bien en confiar en la percepción de su hijo para así reforzar sus capacidades tan especiales.

capítulo dos

La personalidad índigo

1. ¿Cómo reconocer a un niño índigo?

Los padres y todos cuantos tratan diariamente con niños pueden reconocer fácilmente a los niños índigo gracias a las listas dadas en el capítulo anterior donde se relacionan las características y atributos de la personalidad. De momento parece ser que a nivel corporal no existen señales significativas. Las diferencias son extraordinariamente sutiles y sólo reconocibles cuando uno investiga más a fondo. No obstante, las siguientes características son muy marcadas y por lo tanto fácilmente observables:

1. El campo energético tiene una mayor vibración.*
2. Las conductas son diferentes.
3. Una emocionalidad poco acusada.

Para reconocer a un niño índigo dentro de un gran grupo de otros niños, existen las siguientes posibilidades:

1. *Ellos sintonizan con la energía del grupo.* Los niños índigo tienen una vibración alta, con una fuerza vivaz y clara. Tie-

---
* Véase el glosario final.

nen una frecuencia energética más alta que otros niños y a veces son un poco torpes con las cosas terrenales.

2. *Observe la conducta de los niños:* ¡los niños índigo se comportan de otra manera! Con frecuencia transmiten mensajes soterrados y uno se sorprende al preguntarse de dónde sacan estos niños semejante conocimiento. Por regla general, los niños índigo saben por qué están aquí en la Tierra. Hablan mucho de ángeles y otros seres y con frecuencia juegan durante horas tranquila y pacíficamente con ellos. ¿Le preocupa que un niño índigo prefiera jugar solo? Pero si pregunta al niño por qué juega solo, lo más probable es que reciba como respuesta: «Estoy jugando con..., ¿es que no lo ves?». Por otro lado suelen jugar muy poco con cosas o juguetes, y necesitan contínuamente un nuevo estímulo.

3. *Los niños índigo buscan con frecuencia la compañía de adultos:* quieren interactuar con el mundo de los adultos. Son espontáneos e ingenuos y les encanta despertar al niño interior de los adultos. Sin embargo, con los compañeros de su misma edad tienen más bien problemas, ya que no siempre se sienten comprendidos y suelen mantenerse al margen del grupo. Podrá observar que los niños índigo saben exactamente cómo quieren obtener algo y pronto aprenden los trucos para hacer su voluntad. No tiene sentido pelear con estos niños, es mejor intentar convencerles con argumentos contundentes.

4. *En el caso de un bebé mire al niño directamente a los ojos*: los ojos son el espejo del alma. Sonría al bebé y déle la bienvenida a su alma. Es muy divertido ver las reacciones de estos nuevos niños. ¡Aunque sean todavía bastante jóvenes, reaccionan inmediatamente de manera muy vivaz, les encanta esta situación y la comprenden! Yo misma he visto a menudo cómo un bebé muy pequeño sacaba la cabecita del cochecito para mantener el contacto visual hasta tal punto que algunas madres temían que el niño pudiera caerse.

Sólo cuando lleve un tiempo junto a un niño índigo se dará cuenta de que éste no se involucra tanto a nivel emocional en cualquier situación. Esta es una de las diferencias más llamativas que encontramos entre los niños índigo y los demás niños. Un niño índigo no es muy emotivo. Parece comprender por qué hay tantos conflictos e intenta comprender a las personas. Los terapeutas cuentan una y otra vez que antes había razones suficientes para trabajar durante años con un niño si venía de una familia en la cual existían disputas entre los padres. Los niños se retiraban durante una pelea, ya que ésta hacía que la familia se convirtiese una amenaza.

Un niño índigo siente las cosas de otra manera y probablemente hará todo lo contrario. Se pondrá entre los que se pelean y preguntará: «¿Cómo podéis resolver esto ahora?» O simplemente se colgará de la pierna del padre o de la madre y dirá: «¡No iré a mi habitación! ¡Me quedo aquí!» O cogerá la mano del padre y la colocará tiernamente sobre la mano de la madre diciendo: «Por favor, resolved vuestros conflictos ahora.» O, por ejemplo, una madre se enfada mucho con su niño índigo y se enfurece pero el niño no reacciona en absoluto, no entra en resonancia con las vibraciones de la madre. Yo misma he visto cómo niños pequeños, con sólo uno, dos o tres años, simplemente seguían jugando o se alejaban tranquilamente de la madre para seguir a poca distancia con toda la calma con lo que estaban haciendo, o, cuando ya tenían más años, se acercaban a la madre y decían: «¡Mamá, te quiero mucho!» Un niño índigo de siete años les dijo en un determinado momento a sus padres que se estaban peleando: «¿Es que no sabéis que yo he venido aquí para traeros la paz?», metiéndose entre los dos. Estos niños se ocupan de alguna manera para que las demás personas se den cuenta de sus bloqueos emocionales.

Una diferencia muy importante entre los niños índigo y los demás niños se puede observar en situaciones difíciles cuando los adultos los llevan hasta su límite. Imagínese una situación semejante con dos niños, un niño índigo y otro niño. A uno de ellos se le podría llamar testarudo y al otro, al niño índigo, «rompedor de sistemas». Sus metas y conductas son claramente diferentes. El testarudo seguirá irritándole hasta que Vd. llegue a su límite y le mostrará el suyo. Es claramente un antiguo patrón humano: el testarudo quiere saber hasta dónde puede llegar para conseguir lo que quiere. Por el contrario, un rompedor de sistemas no conoce esta programación. Reacciona de forma intuitiva ante las situaciones familiares pues quiere ser un miembro de esta familia. Estas situaciones se dan aunque el niño tenga nada más que cuatro o cinco años. Quiere ocupar el mismo lugar que los demás dentro de la familia. «¿Formo parte de esta familia o no?» No se ven a sí mismos como niños pequeños, sino que se sienten «mayores», con los mismos derechos y quieren recibir un trato equivalente. Sí usted trata al niño con respeto y se pone a su nivel, su conducta cambiará. La situación se resolverá y usted tendrá un amigo en la familia en lugar de un niño molesto.

En el futuro, los niños índigo proporcionarán a la humanidad una información clara y explícita acerca de sus características, capacidades y mensajes. Muchos esperan esta información con anhelo y en los próximos años se escribirán más cosas sobre estos niños. Mi libro, junto con el libro americano que han coordinado Lee Carroll y Jan Tober,[*] no son más que el comienzo. Me gustaría decir a todas las personas que trabajan como terapeutas: «¡Aquí hay un trabajo importante para vosotros!»

2. Características de los niños índigo

Cada niño viene a este mundo con unas características propias. No es nada raro que tenga una personalidad totalmente diferente que sus hermanos o padres. Cualquier persona que haya crecido en una familia numerosa puede confirmar esto cuando observa a sus hermanos y hermanas. No existen en el mundo entero dos huellas dactilares iguales y por ello podemos suponer que las personalidades también son igualmente individuales o que tienen una «marca personal». ¡Desde este punto de vista tenemos que plantearnos también que ni siquiera dos niños índigo son idénticos!

N. del T.: Jan Tober y Lee Carroll, *Los niños índigo* (Ediciones Obelisco, 8ª edición 2003) y de los mismos autores *Homenaje a los niños índigo* (Ediciones Obelisco, 1ª edición mayo 2003).

Hay escuelas psicológicas que dicen que la personalidad del niño no se forma completamente hasta los seis años y otras que proclaman que la personalidad se va forjando poco a poco a lo largo de la vida en un lento proceso de maduración. Otros aún, opinan que la personalidad del niño ya está completamente desarrollada en el momento del nacimiento y que el quid de la cuestión es que el niño desarrolle a lo largo de su vida aquellas características que son positivas en lugar de las negativas.

En la vida de cada persona lo importante es aprovechar las partes fuertes y dirigir las circunstancia de tal forma que uno utilice más y mejor las partes fuertes que las débiles. Llevamos ambas partes dentro de nosotros como seres del universo que somos. Comprender la propia personalidad y el propio Ser, facilitar el desarrollo de los atributos positivos y darse cuenta del lado fuerte de la personalidad es el único camino para crecer de manera sana y llevar una vida plena. Cada niño –también el niño índigo– es una mezcla muy individual de fuerzas y debilidades y se trata de aprender cómo convertir las debilidades de la personalidad en fuerzas. Si el niño índigo y su entorno aprenden a reconocer su naturaleza, éste conseguirá, con un poco de entrenamiento, resultados espectaculares que transformarán las debilidades o, por lo menos, las convertirán en algo que serán capaces de manejar.

Las debilidades de la personalidad índigo

En la fase infantil...

- es frecuentemente hipersensible y demasiado abierto a las influencias ajenas;
- es con frecuencia un solitario;
- es, en la mayoría de los casos, difícil de guiar y educar;
- suele sentirse incomprendido y no reconocido;
- es hiperactivo y tiene dificultades para concentrarse;
- tiende a idealizar a las personas o situaciones;
- es un soñador y se retira a su propio mundo.

La personalidad adulta ...

- ✔ es engreída e impaciente;
- ✔ tiene muchos problemas con la autoridad;
- ✔ quiere que todo el mundo la reconozca y aprecie;
- ✔ tiene dificultades de expresarse con palabras;
- ✔ puede ser arrogante.

Su capacidad de comunicación

- ✔ Si no se siente comprendida se aísla.
- ✔ Pierde fácilmente el contacto con su propio Ser y se descentra.
- ✔ Con frecuencia se siente limitada por el lenguaje.
- ✔ No soporta la apariencia y la hipocresía.

Su marco de expresión

- ✔ Con frecuencia se exige demasiado a sí misma y a los demás, es demasiado perfeccionista.
- ✔ Reacciona con impaciencia cuando los estímulos y propuestas son poco concretos.
- ✔ Abdica del liderazgo y niega cualquier responsabilidad.

Sus amistades

- ✔ Necesita que sus amigos la comprendan.
- ✔ Con frecuencia juega con un sólo amigo o una sola amiga.
- ✔ Con frecuencia vive en su propio mundo de fantasía.
- ✔ Es fácil herirla profundamente*.
- ✔ Le encanta jugar a solas con el ordenador.

* En realidad no me gusta encasillar a los niños índigo ya que esto forma parte del patrón de pensamiento antiguo. Pero para poder conocerles un poco mejor entiendo que la siguiente tipología puede ser útil y por ello he decidido conscientemente incluirla aquí.

El lado fuerte de la personalidad índigo

En la fase infantil...

- ✔ quiere ser un reconocido miembro de la familia;
- ✔ ama la naturaleza;
- ✔ cuida a todos los miembros de la familia;
- ✔ es muy leal con respecto a su familia;
- ✔ le encanta aprender y saber;
- ✔ tiene un efecto sanador sobre las personas;
- ✔ es abierta y llena de confianza con personas ajenas a la familia siempre y cuando se sienta comprendida.

La personalidad adulta...

- ✔ es perseverante y cumplidora;
- ✔ es honesta e íntegra;
- ✔ entiende la vida como algo muy serio;
- ✔ tiene valor personal;
- ✔ dispone de capacidades extrasensoriales;
- ✔ es un persona muy intensa;
- ✔ comprende la naturaleza de su propio Ser con respecto al universo.

Su capacidad de comunicación

- ✔ Le encantan las conversaciones intensas, dinámicas e intelectuales.
- ✔ Se involucra con mente y alma en una conversación.
- ✔ Siente una profunda compasión con respecto a todo el mundo y todas las cosas.
- ✔ Se siente realmente bien cuando se relaciona con una persona sola o con un grupo muy reducido.
- ✔ Comunicarse es para ella sentir, intercambiar ideas y sanar.

Su marco de expresión

- ✔ Es ávida de saber.
- ✔ Carece de disciplina interior.
- ✔ Es directa y persigue su meta.
- ✔ Está muy abierta cuando se le propone cosas íntegras y los estímulos son honestos.

Sus amistades

- ✔ Es fiel.
- ✔ Se ocupa de verdad del bienestar de los demás.
- ✔ Prefiere pocas, pero íntimas amistades.
- ✔ Invierte tiempo cuidando una amistad.
- ✔ Muestra su fuerza en situaciones difíciles y tiene mucha capacidad de transmitir valor a alguien más débil.
- ✔ Muestra una compasión honesta.
- ✔ Las relaciones superficiales le hacen sufrir.

3. Tipología de los niños índigo

Desde hace algún tiempo, en los EE.UU. se trabaja con una tipología de niños índigo según Nancy Ann Tappe. Este sistema de cuatro tipos distintos ha demostrado ser muy exacto y claro y es utilizado por muchos terapeutas y psicólogos.[*] Nancy Anne Tappe describe los cuatro distintos tipos de manera precisa y escueta tal como sigue:

---

[*] Por regla general detesto encasillar a los niños índigo ya que este modo de actuar forma parte del antiguo patrón de pensamiento. No obstante creo que la siguiente clasificación ayuda a reconocerlos y por ello, a pesar de todo, he decidido conscientemente incluir este listado que presento a continuación.

1. *El humanista*
   Trabajará con las masas, les servirá como médico, abogado, maestro, hombre de negocios y político del mañana. Con frecuencia es hiperactivo, extremadamente social, habla con todo el mundo y aprovecha cualquier ocasión para charlar; es extraordinariamente amable. Tiene una marcada opinión propia, se dispersa fácilmente y hace mil cosas a la vez. Además es una 'rata de biblioteca'. No está bien conectado con su cuerpo.

2. *El conceptualista*
   Se ocupará más bien de proyectos y menos de las personas. Trabajará como el arquitecto, diseñador, astronauta o piloto del mañana. Con frecuencia es muy atlético y contiene en su fuero interno patrones de control sobre todo en lo que se refiere al control de su padre y su madre, hecho que le puede provocar grandes problemas. Tiene tendencia a la toxicomanía (uso de drogas en la adolescencia).

3. *El artista*
   Es sensible y con frecuencia es de baja estatura. Es el maestro y artista del mañana. Haga lo que haga, siempre estará ligado a lo artístico. Entre los cuatro y diez años intentará aprender a tocar diversos instrumentos musicales. Es creativo en muchas áreas, pero a veces solamente durante cinco o diez minutos. Es en la adolescencia cuando elegirá un camino más claro y entonces también sabe concentrarse.

4. *El interdimensionalista*
   Suele ser más alto que otros niños índigo, incluso, a veces, es muy alto. Cuando tiene dos años, le puede decir cualquier cosa y él contestará: «¡Ya lo sé, ya sé hacerlo, déjame en paz!». Aporta una nueva filosofía, nuevas ideas y religiones. En el trato puede ser difícil, pues está menos integrado aún que los demás en nuestra sociedad.

Esta división de los niños índigo en diferentes tipologías, muestra claramente dos grupos. Cada grupo contiene dos tipos que presentan conductas similares. Según mi opinión se corresponden a dos géneros distintos del alma y a dos corrientes cósmicas distintas: El rayo azul-índigo y el rayo azul oscuro (enseñanza de los rayos*). En una de las corrientes nos encontramos con el humanista y el artista y en la otra con el concepcionalista e interdimensionalista.

El humanista

El humanista tiene una relación extraordinariamente estrecha con los demás seres humanos, animales, plantas, la Tierra y las estrellas o dicho de otra manera, está ligado a todo lo que vive. Siempre está preocupado por el bien de los demás. Quiere amar siempre a todo el mundo y bajo cualquier circunstancia. Le duele el corazón cuando a alguien o a algo (por ejemplo a un árbol) le sucede algo injusto o doloroso. Quisiera defenderle/lo y en la mayoría de los casos es él mismo el que recibe los palos. Otros niños opinan de él que es un «blandengue».

El humanista es extraordinariamente social, le gustaría pararse en todas partes para comunicarse con las personas, animales y con la Tierra. A veces es sorprendente que realmente llegue hasta su casa. Lo cierto es que llega, pero tarda más tiempo. Es un soñador, vive en la fantasía y con frecuencia parece que no escucha cuando uno le habla. Cuando las cosas le sobrepasan se retira a su propio mundo. Podría suceder que siendo aún muy pequeño le describa exactamente cómo es «su mundo», el mundo del que procede, qué aspecto tiene, qué colores hay, qué seres viven ahí, etc. Lo mejor que puede hacer es creerle, tomar nota de lo que le cuenta pero no debe juzgar ni cuestionarle.

Características del humanista

✔ Es extremadamente social; ama a las personas, sin embargo necesita solamente a unos pocos amigos íntimos para establecer una relación del alma.

* Véase el glosario final.

- ✔ Le encanta hablar con cualquiera y en cualquier momento. Se olvida del tiempo y de sus deberes.
- ✔ Con frecuencia es hiperactivo o hipoactivo.*
- ✔ No está muy conectado con su cuerpo físico, está mal enraizado y necesita tranquilidad para recuperar su centro.
- ✔ Es una 'rata de biblioteca', le gusta jugar solo y lo que más le puede gustar es jugar con el ordenador.
- ✔ A veces está eufórico y otras veces deprimido.
- ✔ El bienestar de las personas, animales, árboles, etc., le preocupa en extremo. Desearía que el ser humano viviese en armonía con su entorno.
- ✔ Es muy sensible y por lo tanto fácilmente irascible o sobrecargado.
- ✔ Siempre está preocupado por algo y tiende a tener dolores de cabeza.
- ✔ Es un soñador, lo pierde todo, no da mucho valor a lo material.
- ✔ Por regla general no se siente comprendido ni reconocido.
- ✔ Es muy importante para él que uno cumpla con su palabra. Lo ama y le da seguridad.
- ✔ Tiene una opinión propia muy marcada.
- ✔ Con frecuencia se da cuenta de su situación y puede auto-castigarse.
- ✔ Todo le parece bien siempre y cuando los padres sean honestos con él.
- ✔ Cuando está en su «salsa», todo es maravilloso.
- ✔ No toma partido por nadie.**

* Hiper: por encima; hipo: por debajo
** A pesar de tener una opinión clara, la expresa solamente en situaciones extremas como cuando alguien es amenazado o se comete una injusticia con alguien ya que la mayoría de las discusiones no le interesan.

Historias de niños:

✔ Una madre cuenta: «*Mi hijo Merlin tiene diez años y desde siempre participa en todo lo "vivo" (la Sociedad Protectora de Animales y Greenpeace son desde hace algunos años instituciones que le motivan a convertirse en adulto). Cuando tenía cinco años me contó que hablaba con las plantas que hay en casa preguntándoles qué nutrientes necesitaban y cuándo era el momento idóneo para regarlas. Ocurre con frecuencia que Merlin vuelve del colegio con la ropa hecha trizas por intentar proteger a sus amigos, los árboles, para que no les claven clavos, que no les destrocen la corteza o que no les arranquen ramas u hojas. Una y otra vez intenta transmitir a sus compañeros de clase que uno puede hablar con las plantas y las piedras. "Sólo hay que escucharles" –explica. El resultado de su misión es raramente positivo. Por otra parte, poco a poco sus amigos van aprendiendo de sus ideas e ideales, un hecho que le hace feliz y del que se siente muy orgulloso. A pesar de su defensa verbal de la naturaleza, Merlin nunca llega a las manos. Rechaza la violencia y por ello es muy popular entre las niñas. Los chicos no saben cómo clasificarle. Un día me explicó: "Por qué voy a pegar o defenderme si yo no quiero que me peguen". Me consuelo pensando que es una actitud verdaderamente muy amorosa cuando tengo que volver a zurcir su ropa.*»

✔ Unos padres cuentan: «*Nuestro hijo tiene un carácter muy abierto y amable. Cuando era más pequeño y dábamos un paseo, él estaba sentado en su cochecito como si fuese un miembro de la familia real y quería saludar a todo el mundo como uno más de la familia. Con una voz fuerte expresaba sus saludos y a veces mostraba una enorme alegría como si conociese a toda la gente desde hace eones. Si nuestro hijo quiere a alguien lo ama incondicionalmente. Esto no es tan fácil de comprender para los otros niños, ya que no pueden comprenderlo. No siempre les gusta que él sea tan intenso y que no tenga límites ya que esto puede herir el espacio íntimo del otro. Estamos viendo que no es nada fácil para un "niño humanista" vivir en este mundo teniendo tantos ideales y visiones de paz y amor para todo el mundo. Con frecuencia está cansado y abatido y no quiere seguir. Ahora tiene nueve años y quiere hacerse mayor cuanto antes para construir un mundo íntegro».*

✔ Habla un padre: «*Pienso que mi hijo es todo lo contrario de hiperactivo. Permanentemente está cansado, le cuesta mantener los ojos abiertos y sólo está verdaderamente despierto cuando juega con el ordenador –él mismo inventa juegos. Sus ocupaciones preferidas son: dibujar y construir figuras. En el colegio tiene constantemente problemas ya que siempre está en las nubes. Es muy popular entre los niños pues es tan diferente, tan tranquilo y sereno... No se pelea nunca, todo lo contrario, es muy diplomático. Necesita un continuo apoyo y control para cumplir con sus deberes cotidianos».*

El conceptualista

El conceptualista prefiere ocuparse de proyectos. Le encanta desarrollar ideas y conceptos, quiere investigar a fondo y realizar cosas según su propio tiempo. No permite que nadie le meta prisa. El conceptualista índigo no está empeñado en el éxito y es así desde pequeño. Nuestra sociedad, tan orientada hacia el rendimiento, le molesta. Podría, junto con sus padres –siempre y cuando éstos le entiendan– desarrollar nuevas maneras de aprendizaje o encontrar consejos prácticos para el hogar.

Características del conceptualista:

✔ Le entusiasman las ideas y los conceptos, pero tiene que aprender a ocuparse de los detalles.
✔ Quiere entenderlo todo. Por ejemplo le gusta desmontar aparatos para comprender su funcionamiento.
✔ En la fase infantil le gusta el deporte y es muy hábil.
✔ Tiende al secretismo, esconde cosas.

- ✓ Le gusta controlar a sus padres.
- ✓ Le fascinan los aparatos eléctricos, sobre todo el ordenador.
- ✓ Cuando se le presentan problemas es muy capaz de inventar soluciones y aplicarlas.
- ✓ Podría aprender vía Internet u otras maneras innovadoras.
- ✓ No es muy emotivo.
- ✓ Le gustan las reglas claras, una disciplina clara, instrucciones claras y sentimientos claros, y lo necesita.

Historias de niños:

- ✓ Una madre cuenta: «*Mi hijo tiene grandes dificultades en el colegio. Se está convirtiendo en un solitario. Cada vez que pasa algo, él es uno de los culpables; sus compañeros de clase le apartan con frecuencia y a él le cuesta aceptarlo como es lógico. Sus ocupaciones preferidas son el ordenador y la técnica: montar y desmontar aparatos. Con frecuencia se niega a hacer sus deberes; para él, el colegio es una imposición y para la escuela quiere hacer lo menos posible; muchas veces estoy al límite de mis fuerzas ya que parece que no tengo más que discusiones con él, pero por otra parte somos muy parecidos; con su padre existe una mayor colaboración, pero aún así intenta controlarle también a él.*»

- ✓ Una madre cuenta: «*Mi hijo es ahora un adolescente. Lamentablemente sólo desde hace un año sé que es un niño índigo. Tuvimos muchas dificultades con él y en muchas ocasiones tuve la sensación de que no estaba a su altura. ¡Quizá las cosas habrían ido de otra manera si yo lo hubiera sabido antes! Cuando aún era muy pequeño, ya era muy independiente y no quería aceptar nada de mí. Sabía todo mejor que nadie y en todas las situaciones tenía que tener siempre la última palabra, eso era agotador. El colegio le aburría con lo cual distraía a los demás niños de la clase. No quería obedecer ninguna regla y esto era la causa de continuos problemas a muchos niveles. Me sugirieron que le hiciera algunas prue-*

bas y mira por donde, su coeficiente intelectual estaba por encima de 130. ¡Lamentablemente no le sirvió de mucho en el colegio! Debido a que era tan distinto nunca se sintió comprendido, ni por parte de los profesores ni por nosotros, sus padres, o por sus compañeros. Sus ideas y opiniones simplemente eran distintas que las demás. Ahora que comprendo su situación, tengo menos sensación de culpabilidad, estoy más relajada y puedo permitir a mi hijo más espacio.»

El artista

El artista índigo suele ser de estatura baja. Su físico es frágil, pero su interior es fuerte y resistente. El niño artista es muy sensible y trae muchos recuerdos de vidas pasadas. Tiene una voluntad extremadamente fuerte y sabe como sacarle el mayor provecho. Sabe lo que quiere y, por regla general, también lo consigue. El niño artista aprende mejor utilizando sus canales creativos. Le cuesta comprender la lógica rígida y las imposiciones sobre todo cuando aún es muy joven. Se mueve de manera ágil y flexible en la vida cotidiana; se recupera y se relaja en cualquier parte; evalúa con facilidad las situaciones y sabe claramente a quién quiere y a quién no. Es muy consecuente en su conducta y no se deja «comprar». El artista puede ocuparse muy intensamente de cualquier cosa. Le encanta estar cerca de los padres pues se concentra fácilmente en su juego en medio de toda la familia. Simplemente no se deja distraer por nada ni por nadie. Cuando estos niños tienen dos o tres años, tienen un halo de perfección y hay muchas cosas que saben hacer solos. Se comunican vivamente con los demás niños y dan la impresión de tener una mayor madurez que los niños de su misma edad. Cuando, a los seis años, entran en contacto con el «gran» mundo, su conducta cambia debido a la presión exterior que experimentan.

Características del artista:

- ✔ Puede pintar o dibujar durante horas y le encanta que otros le hagan dibujos.

- ✔ Es muy fiel y parece muy tierno y frágil. Sin embargo, posee al mismo tiempo una fuerte voluntad y la emplea.
- ✔ Es fuerte y muestra compasión en su fuerza.
- ✔ Percibe muchas cosas y quiere que se le crea cuando habla de lo que ve.
- ✔ Puede ser arrogante, narcisista y obstinado.
- ✔ Necesita poco sueño ya que descansa y se recupera en cualquier lugar.
- ✔ La manera más fácil de expresarse en la vida es a través de su creatividad. Ama el canto, el baile, el ballet, el teatro, el circo, la pintura, el dibujo y la música, entre otros.
- ✔ Quiere que se le informe de las cosas y quiere ser consultado.
- ✔ Es un sanador nato (frecuentemente sana mediante la música, el arte o el baile) y con ello reconoce la vida y encuentra su cometido.
- ✔ Es capaz de discernir con rapidez y actúa en consecuencia. Juega con las situaciones para adquirir experiencia. Exige respuestas claras, y si no las consigue, él mismo las busca.
- ✔ No acepta sus patrones emocionales.

Historias de niños:

- ✔ Una madre que conoce bien a su hija índigo cuenta: «*Mi hija Leah tiene ahora cinco años y es una niña índigo de libro. Antes de que supiera hablar cantaba durante horas. Tanto su lenguaje, como su gramática y su vocabulario se desarrollaron muy pronto. No obstante, para contar un cuento prefería utilizar siempre el canto. Esto no ha cambiado hasta la fecha. ¡Además, cuenta, (léase 'canta'), los cuentos sorprendentemente exactos y coherentes considerando su edad! Desde que tiene cuatro años toma clases de ballet por deseo propio. Al principio, la profesora de baile era muy escéptica debido a la baja estatura, apariencia delicada y corta edad de mi hija. Sin embargo, en cuestión de dos horas, Leah había conseguido lo que quería. También esto es una característica clara de un artista índigo: resistencia y ambición para conseguir lo que se propone. Esto me recuerda otro punto: más vale no sugerir a este dulce angelito nada que vaya en contra de su sistema. Si aún así uno insiste, entonces parece que se han abierto las esclusas del infiernos sumiendo a toda la familia en el más absoluto desespero. Nos tiene a todos muy bien controlados, ella es la jefa. Incluso la puesta en escena de su rabia es tan creativa que es imposible enfadarse con ella. Un día, después de un ataque descomunal de ira, me explicó: "Sabes mamá, tenía que soltar esta rabia porque si no enfermo". Jamás se aburre, juega sola pero siempre cerca de la familia, nunca en su cuarto.*

He oído a muchas chicas artista decir de sí mismas que son princesas y que quieren que se las trate como tales. Una niña de tres años contestó muy ofendida a su madre cuando ésta la llamó princesa: «¡Soy una niña reina!». Otra niña, un poco mayor, declaró como si esto fuera lo más normal del mundo: «¡Soy majestuosa!».

El interdimensionalista

Por regla general, el interdimensionalista es muy grande. A muchos de estos niños, cuando sólo tienen cinco años, se les atribuye más años de los que realmente tienen. Esto da lugar a situaciones difíciles, tanto para el niño como para los padres, puesto que el entorno reacciona con más exigencias. Sucede con frecuencia que en un momento dado se tiene a un niño testarudo de ocho años, pero dos minutos más tarde el testarudo se convierte en un chavalito de párvulos que quiere acurrucarse en su falda. A esto se une que es un niño «sabelotodo». Lo sabe todo mejor que nadie y apenas deja respirar a los padres. Acompañar amorosamente a un niño así no es nada fácil. Exige una extrema flexibilidad por parte de los padres y un desapego total de las propias metas y expectativas. El niño demanda unos límites claros y disciplina. Serán los mismos padres los que se verán obligados a buscar qué límites son límites con sentido. Si no ponen límites, el niño les llevará hasta los suyos. Deberían darse cuenta de dónde están sus límites o los del niño y cómo ambas partes pueden moverse dentro de ellos armónicamente. El interdimensionalista es un auténtico niño índigo, capaz de derribar muros, demoler opiniones. No le interesan las viejas exigencias rígidas, ya que él quiere establecer las reglas del juego. Reacciona de mala manera ante una autoridad poco democrática y no permite que se le obligue a nada.

Características del interdimensionalista:

- ✔ Está lleno de ideas, filosofías y pensamientos nuevos y por este motivo suele chocar con los demás.
- ✔ Es un líder nato y quiere explorar nuevos caminos.
- ✔ No está dispuesto a dejarse limitar por expectativas o ideales obsoletos.
- ✔ Puede ser muy dictatorial y dominante.
- ✔ Quiere ser auténtico.
- ✔ Ve más allá de lo que perciben los ojos físicos.
- ✔ Ama el teatro y el juego.
- ✔ Hace lo que le parece correcto y no le importa si esto le aporta amigos o enemigos.
- ✔ Soporta muy mal la autoridad y las instrucciones tajantes.
- ✔ Desde muy joven conoce su misión y espera impacientemente ser adulto.
- ✔ Tiene una gran fuerza interior.
- ✔ Exige un cien por cien de atención cuando está con otras personas.
- ✔ Necesita una disciplina clara para poder desarrollarse libre y creativamente.
- ✔ Quita la máscara a las personas.

Historias de niños:

- ✔ Una madre, después de haber leído las distintas tipologías, cuenta: «*Según mi opinión, creo que mi hijo pertenece a este* grupo. Es muy alto, tiene doce años y siempre quiere hacer lo que a él le parece correcto. No puedo oponerme si queremos seguir viviendo juntos. Desde que es pequeño intento darle líneas claras y comprender sus opiniones. Debido a que es muy racional, podemos hablar de todo, algo que tuve que aprender primero. Mientras yo me quejaba no hubo más que broncas. Tuve que aprender muchas cosas para comportarme de forma realmente coherente. Desde entonces nos llevamos bien. Creo que la fase difícil se ha acabado y que él será un adolescente equilibrado, ya que entre nosotros hemos aclarado casi todo y sabemos todo del otro y también sabemos que nos apoyamos incondicionalmente. Yo sí creo que niños como mi hijo pueden llegar a ser auténticos adolescentes «monstruosos» si los padres no han aclarado entre los cuatro y doce años su relación con este hijo y si ellos no han cambiado. Estos interdimensionalistas son extremadamente tercos y fuertes y han elegido el camino «campo a traviesa» y no se preocupan por los demás, hecho que no es muy fácil de llevar para nosotros, los padres.»

✔ Una madre y terapeuta cuenta: «*Yo quería tener a toda costa un niño y mi hija fue una niña muy deseada. Ahora tiene cinco años. Aunque todavía va al parvulario, todo el mundo piensa que ya va al colegio puesto que es mucho más alta que sus compañeros. Para mí, el trato con ella es difícil ya que da continuamente órdenes, me dice lo que tengo que hacer y manda constantemente. He tenido desde que era muy pequeñita terribles luchas con ella y con frecuencia he pensado qué había hecho para tener un niño así. ¿Qué había hecho para merecer esto? Para poder aguantar, me tuve que decir una y otra vez que ella era mi vida, todo lo que yo quería y que era mi hijita tan deseada. He aprendido a definir todo lo que había en mi vida de manera nueva y más clara. Una vez que había reestructurado mi papel de madre y había aprendido a ponerlo en práctica para ambas, las cosas eran más fáciles. Mi gran misión consiste en "reconducir" a mi hija una y otra vez a su edad, una hija que siempre sabe todo mejor que nadie, que siempre tiene la última palabra y que siempre quiere imponer su voluntad. A veces tengo la sensación de que tiene que aprender a ser niña con todo lo que esto implica, ya que desde poco después de su nacimiento sabía ser adulta.»*

4. La nueva ola de niños de los años noventa

El trabajo espiritual de la generación de trabajadores de luz* no era fácil y durante los años setenta y ochenta, estos pioneros tuvieron que superar muchos obstáculos con valor y confianza. El trabajo de luz de muchas personas despiertas no se hizo en la mayoría de los casos de manera pública debido a las resistencias existentes. No obstante, fue su trabajo el que hizo posible que en los años noventa la vibración del planeta estuviera lo suficientemente alta como para que un gran número de niños índigo se pudiese encarnar en nuestro mundo. ¡Era el momento adecuado para introducir un gran cambio en el mundo! Mucha gente estaba dispuesta a luchar a favor de la paz y del amor, dispuesta a no permitir que se les tratase como a una manada de borregos, pero también estaba preparada para ver lo que tenía que cambiar en su interior.

En nuestra sociedad podemos encontrar esporádicamente personas de todas las edades con características índigo. A veces preparaban el camino para esa ola de niños. Desde hace más de cincuenta años existen precursores de esta ola de niños. Además de las características índigo, existen personas cuyo color principal de vida es el color índigo, las así llamadas personas índigo puras. Aquellos de Uds. que ahora tienen más de cuarenta años tuvieron probablemente bastantes dificultades con la sociedad y con sus familias durante su juventud. Algunos habrán estado en «reformatorios» de todo tipo o estaban a punto de ingresar en alguno de ellos. Fueron tratados con métodos de los que hoy en día se sabe que no sirven para la sanación, y, finalmente, muchos de Uds. realmente «se pasaron de rosca». Con frecuencia se les habrá dicho que eran malos, anormales y destructivos. Fueron

---
* Véase el glosario final.

vistos como una amenaza, ya que anclaron energías que eran nuevas y que inquietaron emocionalmente a las personas «normales». Aquellos que «sobrevivieron» han crecido a nivel humano. Con frecuencia trabajan como terapeutas y pueden, gracias a su propia experiencia, guiar y ayudar a otras personas. ¡Simplemente, son diferentes! Muchas personas índigo ya mayores, se sintieron muy atraídos por el movimiento de la Nueva Era** y reconquistaron parte de su hogar.

En todos los rincones del mundo hay personas caminando por la senda espiritual teniendo alguna que otra característica índigo. Al leer este libro Usted puede sentir perfectamente donde «encaja» y sabrá si hay características índigo que reconoce en su propia personalidad. Esta generación ya más mayor se compone de ermitaños pues no encontraron comprensión y su camino era muy solitario. Actualmente la situación ha cambiado. Cada vez vienen más «nuevos» que «normales» a este mundo –sabiendo que los «nuevos» algún día serán los «normales» ya que serán la mayoría. En los EE. UU. se parte de la base de que en los últimos dos años y en algunas regiones específicas, hay hasta un noventa por cien de neonatos que podrían ser niños índigo. No hay la misma cantidad de niños índigo en todas partes, no vienen de forma lineal a este mundo. Las regiones más frías de nuestro mundo, en las que se registra un mayor despertar espiritual y en las que existe un mayor número de ordenadores, también muestran un mayor índice de niños índigo que las regiones más cálidas.

Vivimos en una época extraordinaria en la que el camino del autoconocimiento es fácilmente reconocible para aquel que quiere utilizarlo. La verdad está claramente visible para todo aquel que quiera verla. Hoy en día hay muchos maestros, libros, películas y movimientos espirituales que abarcan el globo entero, algo nunca visto con anterioridad. Aunque el movimiento negativo contrario también aumenta en la misma medida y los cultos satánicos llevan a los seres humanos a puntos hasta ahora desconocidos, también es cierto que los buscadores de la verdad conducen a las personas a puntos elevados y desconocidos antes. Realmente es sorprendente la polarización que está te-

** Véase el glosario final.

niendo lugar actualmente en este planeta y cuántas personas anhelan la unidad.

Los trabajadores de luz de la primera ola tenían el cometido de elevar la frecuencia de la Tierra y de apoyar el cambio de las rejillas energéticas* de la Tierra por el mero hecho de estar en el lugar adecuado (normalmente en lugares energéticamente potentes) en el momento adecuado. Gracias a esto se pudieron abrir los portales energéticos necesarios. A la generación índigo le espera otra tarea y que seguramente tampoco será fácil: ellos son los auténticos amparadores de la paz de mañana; su mensaje es el amor. No les resulta fácil dedicarse consciente y libremente a su cometido. Debido a su nueva estructura bioquímica (los cuatro filamentos más de su ADN) son extraordinariamente sensibles con respecto a las energías de los demás. Les cuesta manejar e integrar las viejas energías que todavía existen en el planeta. Si no son capaces de darse cuenta de esas energías y protegerse de ellas, es posible que pierdan su equilibrio espiritual. Una vez perdido el equilibrio, se desquician del todo, se dan un duro golpe y les cuesta muchísimo recuperar su centro.

La mayoría de los niños índigo son desgraciadamente educados y atendidos por padres, profesores y médicos que no comprenden la particular estructura de estos nuevos niños. Tampoco tienen medios para aligerar su educación y acompañamiento. Estos niños son pioneros de un proceso totalmente nuevo que está teniendo lugar en la Tierra y que no nos facilita las cosas a nadie. Los niños índigo tienen que enfrentarse normalmente a familias, culturas e instituciones que todavía funcionan con la frecuencia de la vieja energía. El tema de los niños índigo todavía suscita muy poco interés y poca resonancia por parte de instituciones, psicólogos y pedagogos establecidos, ya que éstos sienten que no es de su competencia reconocer a estos niños como seres nuevos y por tanto dispensarles un trato cualificado y espiritualmente motivador. Aún existe un abismo enorme entre la ciencia y la espiritualidad a pesar de que esta unión supone el camino hacia la maestría.

* Véase el glosario final.

La situación es tan nueva, tan increíble y tan arrolladora que ahora ha llegado el momento de escuchar y de hacer algo. El nuevo milenio ya ha comenzado y la ola de los noventa se ha estabilizado: cada vez nacen más niños índigo en nuestro mundo, de modo que nos vendría muy bien cualificarnos y prepararnos para ellos. Los padres que tal vez ya sospechan lo que pasa o que podría estar pasando, encuentran desafortunadamente en su entorno nada más que incomprensión, rechazo, desconfianza y una dureza poco usual.

Lo que nos puede ayudar ahora es la toma de consciencia y una percepción objetiva. Por desgracia hemos sido entrenados para percibir mejor las diferencias en la apariencia. La consciencia y la percepción no forman parte de la exigencia. Aprendemos a limitar nuestra visión con lo aparente y en ello estamos ocupados día tras día, hora tras hora. Los niños índigo son muy intuitivos y abiertos y no se dejan restringir ni limitar tan fácilmente. Nos exigen que también nosotros nos abramos a ellos. Nos obligarán a deshacernos de nuestra percepción subjetiva que en la mayoría de los casos hemos aprendido de nuestros padres.

Los años noventa son años que han mostrado ya grandes cambios a muchos niveles. Estamos asistiendo a un decaimiento de la autoridad, del poder, y de las leyes como no lo hemos visto en las últimas décadas. En los corazones de la humanidad vive un anhelo de paz, libertad y un compartir que los niños índigo y sus hijos nos obligarán a realizar.

5. Las relaciones y la personalidad índigo

Normalmente, los padres suelen educar a sus hijos según sus propias convicciones y su propio color vital. Con ello corren el peligro de reprimir la expresión natural del color vital de sus hijos. El descubrimiento del color vital ayuda a los niños a comprender mejor a los miembros de la familia y a los amigos y les permite expresar de modo natural su personalidad. Así se pueden desarrollar libremente y desplegar su personalidad según sus propios talentos. Determine primero su propio color vital. En el capítulo 1. le hemos enseñado cómo averiguar los «colores vitales», después observe cómo su color puede influir en la relación con un niño índigo.

La relación entre una personalidad azul-índigo y una personalidad roja.

Los rojos tienen poco en común con los índigos. Un índigo siente que la vida y la materia son energía, un rojo siente que un índigo «no es de aquí» y no puede entender el comportamiento índigo con respecto a la realidad tangible. Los índigo son demasiado sensibles, dulces e introvertidos como para entenderse con la explosiva energía vital, la fuerza y el impulso de los rojos. Los rojos prefieren ver la vida exclusivamente como una realidad concreta. A los índigo les cuesta aceptar su cuerpo físico mientras los rojos entienden casi todo desde la perspectiva corporal. Para un índigo la sexualidad es una experiencia de dos almas que se fusionan a un nivel espiritual superior, mientras que para los rojos, la sexualidad es una experiencia placentera y sensual. Al rojo le cuesta establecer contacto con sus emociones y no es capaz de entender ni el lenguaje, ni los ideales, filosofías e imaginaciones etéreas de un índigo. En una conversación no hay mucho de que hablar, ya que el índigo es demasiado «elevado» para un rojo y un rojo está demasiado enraizado para un índigo.

La relación entre una personalidad azul-índigo y una personalidad naranja.

No tienen mucho en común y tampoco tienen mucho de que hablar. Los conceptos que tiene un índigo con respecto al universo le son totalmente ajenos a la personalidad naranja, le parecen extraños, ya que a ella le gusta la realidad tangible, la emoción y la aventura. A la personalidad índigo le encanta hablar de espiritualidad, del amor y de sus ideas referentes a la consciencia, sin embargo, a la personalidad naranja estos temas le interesan muy poco o nada. Puede que un índigo pueda admirar el valor de un naranja, pero pronto le parecerá demasiado tosco, independiente y egocéntrico para que le sea una buena compañía. La personalidad naranja es solitaria; al índigo también le gusta estar sólo, pero también le encanta estar con sus amigos íntimos. El naranja quisiera gobernar la realidad tangible, el índigo, sin embargo, la ve más bien como una ilusión. El índigo escala una montaña para disfrutar de la naturaleza y de la energía, el naranja lo hace para conquistar la montaña.

La relación entre una personalidad azul-índigo y una personalidad amarilla.

La amable personalidad amarilla y la sensible personalidad índigo pueden ser buenas amigas. La conducta juguetona del amarillo interesa al índigo. Sin embargo, la visión de la vida de un índigo es nueva para el amarillo: con la alegría y la versatilidad que le son propias, al amarillo le gusta conocer las extraordinarias ideas que tiene el índigo con respecto a la vida. Ambas son personalidades sensibles y también orgullosas y no les gusta que se les diga lo que tienen que hacer, por lo tanto se conceden mucha libertad la una a la otra y no tienen ningún deseo de controlar. El índigo busca una relación del alma; la personalidad amarilla, sin embargo, es más frívola. Pero ambos tienen la común necesidad de vivir en el ahora. Un amarillo vive en su cuerpo y le gusta ser corporalmente muy activo, mientras que al índigo le cuesta mantenerse en el nivel físico y prefiere centrarse en verdades espirituales, temas morales y conceptos éticos. La personalidad amarilla le puede ayudar a estar más en el cuerpo y con ello el índigo aprende a divertirse más. El índigo necesita a alguien en quien confiar, pero el amarillo no suele estar a disposición en esos momentos. Asumir la responsabilidad de dependencia de otro no le hace gracia al amarillo y el índigo puede sentirse fácilmente decepcionado. A ambos les gusta una relación armónica, sin conflictos y sin herirse el uno al otro.

La relación entre una personalidad azul-índigo y una personalidad verde.

El uno puede fascinar al otro, pero la personalidad verde que quiere ser siempre más lista y más rápida, se frustra cuando la personalidad índigo no da una explicación racional que fomente su sistema de creencias. Debido a que el verde necesita una vida muy controlada y que, además, quiere controlar la vida del otro, esto puede provocar conflictos con el índigo que no permite ser controlado. No obstante, el verde es capaz de aceptar esta negación. El índigo, ávido de conocimiento, puede aprender mucho del verde que es muy inteligente y bien informado pero debería tratar al índigo de manera cariñosa y no ser excesivamente dominante. El índigo suele tener sentimientos muy profundos y necesita poder depositar su confianza en las personas que le rodean. Los verdes son más bien impacientes mientras el índigo necesita su propio tiempo y no se le puede empujar ni obligar a ir más deprisa. Debido a que el verde está bastante orientado hacia el éxito y eso es algo que al índigo no le interesa en absoluto, pueden mantener una buena relación, pero no necesariamente tiene que ser así.

La relación entre una personalidad azul-índigo y una personalidad azul.

Estos dos pueden mantener una relación muy amorosa y fructífera. La personalidad azul es probablemente la única que entiende por completo la espiritualidad del índigo. Además, también a ella le gusta que haya paz, amor y armonía en este planeta al igual que al índigo. Un azul es capaz de comprender amorosamente su necesidad de buscar respuestas. La personalidad índigo necesita personas así, personas que le comprendan, apoyen y que no le rechacen ni le critiquen constantemente. Aprecia mucho el amor incondicional que recibe del azul. Sucede con frecuencia que una personalidad azul se hace cargo de las preocupaciones de un índigo. Ambos son muy intuitivos, aprecian la sabiduría interior del otro y son capaces de prescindir de los detalles y hechos. El azul reconoce perfectamente la profundidad de la relación con un índigo y ambos pueden mantener una relación amorosa y cálida. El único problema puede surgir cuando el índigo no está en su centro y se retira a sus «cuarteles de invierno». Esto es algo que el azul sólo puede aceptar con dificultad, ya que quiere tener siempre una relación emocional con la persona que tiene enfrente. Si la personalidad azul no está en su centro, al índigo le cuesta mucho soportar el victimismo, la autocompasión y el comportamiento de mártir que despliega el azul, ya que él es incapaz de entender semejantes conceptos.

La relación entre dos personalidades índigo.

Dos índigos se entienden realmente bien. No obstante, puede llegar a ser una relación muy exigente ya que ninguno de los dos tiene una relación con la realidad tangible. Se entienden en el nivel espiritual, pero no saben apoyarse el uno al otro en el nivel terrenal de sus vidas. Es muy probable que sean muy buenos amigos y que mantengan una relación muy fuerte a nivel del alma, pero ninguno de los dos se ocupará de los detalles cotidianos, hecho que puede provocar dificultades. Los índigos se llevan muy bien emocionalmente, pero sería conveniente que compartiesen su camino hacia el exterior con otros pues aprenderían mucho más.

La relación entre una personalidad azul-índigo y una personalidad violeta.

Esta relación entraña grandes posibilidades, siempre y cuando el violeta no sea demasiado dominante. Gracias a sus capacidades visionarias, la personalidad violeta puede comprender perfectamente las creencias de un índigo. Un violeta puede ver el futuro mientras el índigo lo siente. Los índigos se dejan guiar por los violetas, aprecian su capacidad de líder y su fuerza de pionero. Se sienten protegidos y reciben de ellos muchas respuestas a sus múltiples preguntas. Aunque a los violetas les encanta ser el centro de atención, no hay problemas ya que el índigo prefiere que le dejen en paz. La gran diferencia entre ambos consiste en que el índigo busca amigos íntimos para establecer relaciones del alma y el violeta ama rodearse de multitudes. A ambos les encanta viajar, aman las diferentes culturas y países y muestran una enorme compasión hacia los demás. Lo que ellos ven, sienten y aceptan como una verdad superior, puede ayudar a mucha gente en este planeta para ampliar su consciencia. A ambos les gusta la paz, la compasión y la iluminación espiritual de la Tierra.

capítulo tres

Una educación apropiada para un niño índigo

1. Guiar y educar a niños índigo

En mis seminarios y en mi consulta veo muchos padres que tienen dificultades con sus hijos y me resulta relativamente fácil sentir la gran frustración y el sentimiento de culpabilidad que padecen estos padres y sobre todo las madres. A veces se desesperan y no saben que hacer para manejar a sus hijos, ya que el entorno les atosiga con preguntas como: «¿Es qué no sabes educar mejor a tu hijo...?», «¿Es que no te puedes ocupar de que tu hijo se esté quieto?» «¿Es que no sabes ocuparte para que tu hijo haga sus deberes?». «¿Es que no eres capaz de hacerle entender a tu niño que la escuela es algo serio?», etc. Es fácil imaginarse cómo los padres reaccionan a semejantes ataques. Están profundamente frustrados y les amarga la vida. Personas cuyo trabajo consiste en educar y que no están centrados, se topan una y otra vez con sus propios límites cuando deben educar a estos «nuevos niños». Los niños ya no aceptan la autoridad por que sí.

Tengo que confesar que las cosas no son nada fáciles para los padres que tienen un niño índigo en su familia. Los niños les enfrentan continuamente a sus propias deficiencias y bloqueos emocionales. En realidad, la única posibilidad de tener una vida familiar armónica sólo existe si los padres son capaces de cambiar. Pienso que tenemos que redefinir el papel de los padres para que estos nuevos niños puedan ser niños y al mismo tiempo ser reconocidos en su auténtica grandeza interior. Los padres podrían aprender cómo dominar esta situación y crecer al mismo tiempo en grupos de autoayuda y mediante terapias específicas. Sin un autoconocimiento es difícil enfrentarse a estos niños de manera neutra y poder aportar una estructura y claridad a la familia.

Uno de los cometidos de los niños índigo consiste en ayudarnos a establecer relaciones que se basan en el amor incondicional, la honestidad, la aceptación, la abertura y la alegría. Son relaciones que anhelamos desde lo más profundo de nuestro corazón. ¿Tiene un niño al que no acaba de comprender? ¿Un niño que lo sabe todo mejor que nadie y cuya primera palabra en esta vida ha sido 'NO'? ¿O un niño que es increíblemente amoroso y tierno pero que a pesar de ello no encaja en ningún sitio? Amar incondicionalmente en estas condiciones no es nada fácil y exige en todo caso un refuerzo de la competencia de los padres, además de una apertura de consciencia, es decir, otra visión de las cosas. Los niños índigo ayudarán al mundo a crecer y nos darán valor para deshacernos de viejas historias y atrevernos con algo nuevo. Los conceptos clave para el futuro son la renovación y la colaboración.

Aquí se plantean las siguientes preguntas:

1. ¿Cómo podemos educar y guiar a un niño índigo de manera que pueda presentarnos el regalo de su sabiduría interna pura y de su amor? ¿Qué podemos hacer para disfrutar sencillamente de su existencia?

2. ¿Qué podemos hacer para que estos niños puedan crecer sin entrar en demasiados conflicto con su entorno?

3. ¿Cómo podemos liberarnos de nuestros prejuicios con respecto a niños con capacidades paranormales* y síndromes de déficit poniendo en su lugar algo positivo?

* Véase el glosario final.

4. ¿Cómo podemos acompañar y guiar a los niños índigo para que sobrevivan en el colegio y en el mundo hasta que se conviertan en adultos jóvenes y encuentren su camino? Hay muchos niños índigo depresivos. Una frase típica de un niño índigo es: «Mamá, si llego a saberlo no vengo a este mundo.»

5. ¿Qué pueden hacer los padres para «sobrevivir» a ese niño que en realidad no necesita unos padres a la antigua usanza?

6. ¿Cómo podemos aprender a no ver a nuestros hijos como una calcomanía de nosotros mismos y permitirles que desarrollen su propia personalidad individual?

A continuación hablaré de las conductas positivas y negativas más importantes e intentaré aclarar sus posibles causas. Se confrontarán los lados positivos con los «trastornos» negativos como pueden ser los diversos déficits y dificultades parciales de aprendizaje. Debemos recordar una y otra vez que es sólo desde hace algún tiempo que estos niños están llegando en mayor número a nuestro mundo. Todavía se sabe muy poco sobre ellos. No pude encontrar estudios significativos ni en la ciencia ni en la investigación de conductas que me hubieran sido útiles para mi libro. Pero por otro lado sí existen experiencias concluyentes por parte de pedagogos, terapeutas, consejeros y educadores del mundo entero que trabajan con estos niños. Ellos son los nuevos pioneros al igual que lo fueron los precursores de la psiquiatría y de la psicología.

Poco a poco se está empezando a buscar y encontrar indicios de un enlace entre las diversas informaciones. Hasta ahora parece que el tema de la educación es en muchos países un tema tabú y esta es la causa de que los grupos conservadores choquen con las personas que tienen una opinión más innovadora y moderna. Si uno investiga la historia de la enseñanza y la teoría de los grandes educadores del último siglo, se descubre que desde hace 270 años se está discutiendo sobre lo deseable que sería adoptar cambios en el sistema educativo. No obstante, hay que decir que a lo largo de los años las cosas no han cambiado mucho. Los niños índigos nos empujarán, según mi opinión, forzosamente hacia una nueva dirección. Nos mostrarán que podemos vivir en armonía con nosotros mismos y con ellos; cómo podemos reestructurar la familia para que padres e hijos tengan espacio suficiente; cómo podemos comunicarnos espontáneamente con nuestro auténtico Ser y cómo la diversión y la alegría pueden recuperar su lugar dentro de la familia.

¿Qué nos puede ayudar durante la fase de adaptación a las nuevas exigencias?

Parece bastante obvio que a los niños índigo sólo les interesa el lenguaje del amor. ¿Qué nos podría ayudar en nuestro trato con ellos? ¿Cómo podemos facilitar a nuestros hijos el desarrollo de sus talentos positivos? ¿Cómo podemos evitar que nuestro acompañamiento limitador, aunque bien intencionado, les lleve a una negación total de partes de su personalidad? Una conducta importante es la aceptación incondicional, el ilimitado 'Sí' sin ningún 'cuando' o 'pero'. ¡La aceptación en sí es amor puro! Otras ayudas de gran valor son la comunicación con el «mensaje Yo» y el método de «manejar conflictos sin derrota». Si además se aprende a poner límites inconfundibles y mantener una disciplina sincera en la cual se deja al niño mucha libertad para que tenga sus propias experiencias, podemos suponer que estamos en el camino correcto.

La aceptación

En general se puede afirmar que la aceptación total (o aprobación) es uno de los caminos más importantes y eficaces para establecer una buena relación entre padres e hijos. Thomas Gordon lo presenta de manera interesante en su libro *Familien Konferenz*. ¿Es posible que una persona pueda brindar una profunda aceptación a la persona que tiene enfrente? ¿Le puede ayudar de verdad? Su aprobación incondicional posibilita al otro crecer, desarrollarse y cambiar positivamente. Le abre un camino para solucionar sus problemas y para aprender a ser productivo y creativo, estando psicológicamente sano.

La aceptación es como una tierra fértil que permite a una única semilla que desarrolle la espléndida flor que contiene. Esa tierra, esa aceptación, posibilita al niño realizar su potencial. Es asombroso ver como los niños confían con frecuencia en personas totalmente extrañas: les cuentan todo, y los padres se sorprenden mucho cuando luego oyen lo sucedido. El niño, simplemente, se sintió aceptado y por tanto seguro. Podía contar todo lo que quería decir. En situaciones así, es posible que se cuenten secretos o hechos aún no contados y que residen en la profundidad de su fuero interno.

Muchos padres creen que una aceptación total podría impedir un desarrollo positivo de sus hijos. Suelen confiar mayormente en el lenguaje de la no-aceptación, creyendo que ésta es la mejor manera de ayudarles. Por un segundo podríamos volver a comparar nuevamente la aceptación con la tierra que debería nutrir a esta pequeña semilla. Observamos que la tierra de la no-aceptación está rica en juicios, sentencias, críticas, reprimendas, sermones y órdenes. Normalmente, los niños suelen reaccionar con una retirada ante semejantes mensajes. Los niños índigo reaccionan de manera aún más sensible, incluso con rechazo. Siendo «reyes y reinas» les cuesta mucho comprender cómo es posible que no se les trate con un amor incondicional y con total honestidad.

Ellos aprenden rápidamente que es mucho más cómodo no hablar de sus emociones, pensamientos y problemas. Un lenguaje de aceptación, sin embargo, permite que se derrita el hielo y abre un camino para compartir sus sentimientos y problemas.

Pero lo cierto es que una no-aceptación pasiva tampoco sirve. Un niño nunca puede estar seguro del todo de que es aceptado o no hasta que el educador se lo demuestra activamente de una u otra manera. Se trata de transmitir a los niños la aceptación mediante palabras o hechos.

Se puede mostrar la aceptación de las siguientes maneras:

1. *Aceptación sin palabras*

    Es posible transmitir aceptación, por ejemplo, mediante el lenguaje corporal, la expresión de la cara u otras formas de conducta.

2. *La no-intromisión*

   Al no entrometerse, los padres pueden demostrar que aceptan el comportamiento del niño. Como intromisión se podría considerar una interrupción, el control, la invasión de su habitación o el intento de protección para que el niño no cometa un error.

3. *La escucha pasiva*

   Ésta es una escucha atenta, pero expresándole al niño que se le está escuchando. Por ejemplo diciendo: «Ya veo», «Mm» o «Te oigo».

4. *La aceptación verbal*

   Durante la conversación se le transmite al niño que todo está bien y que se aprueba lo que piensa y hace.

5. *La escucha activa*

   En la escucha activa se construye un proceso de comunicación en el que el emisor y el receptor están abiertos y sintonizados. El receptor transmite su comprensión al emisor mediante la repetición del mensaje. De esta manera se evitan malos entendidos. Con frecuencia emitimos varios mensajes a la vez y se produce el malentendido.

   Thomas Gordon escribe: «En la escucha activa, el receptor intenta comprender lo que siente el emisor y lo que significa su mensaje. En respuesta formula su comprensión con sus propias palabras (código) y lo manda en forma de afirmación de vuelta al receptor. El receptor no envía ningún mensaje propio –por ejemplo, una opinión, un juicio, un consejo, un argumento, un análisis o una pregunta. Sólo envía de vuelta lo que, según sus sentimientos, significa el mensaje del emisor– ni más, ni menos.»

Muchos terapeutas y consejeros tienen éxito por el mero hecho de dominar y saber aplicar el lenguaje de la aceptación. Los padres también son capaces, gracias a sus palabras y sentimientos de demostrar a su hijo que le aceptan. Si lo consiguen, realmente tienen una herramienta valiosa y pueden obtener resultados sorprendentes. Pueden tener una gran influencia en la manera en la que vive su hijo sus emociones libremente. Depende de ellos si el niño obedece a las limitaciones y estructuras creadas por ellos.

De todos los resultados que pueda tener la aceptación, el más importante es que el niño tenga la sensación interna de ser querido. Aceptar a una persona «tal como es» es un acto de amor auténtico. Sentirse aceptado significa sentirse amado. Claro está que sería deseable que tratásemos a todas las personas y a todos los niños de esta manera, pero los niños índigo lo exigen, exigen que aprendamos a aceptarles tal como son. Ellos conocen su grandeza e importancia. ¡Exigen de nosotros la prueba de que les aceptamos y que les tenemos en cuenta! Cuando un niño índigo tiene la certeza de que sus padres le aman incondicionalmente, tiene la mejor base para su desarrollo. Se deja guiar por el amor y quieren que nosotros también aprendamos a ser guiados por él. Lo cierto es que un niño índigo no necesita unos padres tal como los conocemos actualmente. Lo que necesita imperiosamente es amor, una guía amorosa y unas estructuras claras. En esto consiste el nuevo cometido de los padres.

El «mensaje Yo»

Me parece muy importante que en nuestras relaciones aprendamos a comunicarnos más con el «mensaje 'Yo'». Estamos tan acostumbrados a utilizar el mensaje de «Tú» que ya ni siquiera nos damos cuenta de todo lo que «incluimos» en estos mensajes. El «mensaje Yo» siempre permite a la persona quedarse consigo mismo y con sus emociones. Los mensajes de «Tú» suelen contener por regla general algo desagradable, generalizaciones o asignaciones de culpa, pero sobre todo, no muestran nada de lo que siente el que habla. El uso del mensaje de «Yo» brinda la posibilidad de neutralizar una discusión. Los padres tienen derecho a tener sentimientos y pensamientos propios y en el mensaje de «Yo» los pueden expresar sin culpar al niño.

Por ejemplo: mediante un mensaje de «Yo» una madre puede decir: «Me siento herida cuando haces algo así». Con el mensaje de «Tú» diría: «Me estas haciendo daño, me estas hiriendo.» Para el niño existe una diferencia notable entre estos dos mensajes. En el mensaje de «Yo» la madre le indica lo que siente en ese momento y lo que es válido para ella en ese preciso instante, sin embargo, en el mensaje de «Tú» transmite al niño algo que seguramente éste no había querido provocar de manera consciente.*

Conversaciones que comienzan con un mensaje de «Tú» suelen terminar en una discusión o interrupción. Con una situación así nadie está contento ni feliz. Ninguno de los dos se siente comprendido. Con los mensajes de «Yo» existe menos posibilidad de provocar una pelea. Sin embargo, esto no significa que cuando los padres envían un mensaje de «Yo» todo les parezca bien. Para un niño resulta muy duro escuchar de boca de su madre que su comportamiento la está provocando un problema o que le hace daño. Es mucho menos amenazador decir a un niño lo que usted siente en lugar de culparle.

Los niños índigo se diferencian de otros niños porque no suelen aceptar los patrones emocionales de los padres y menos aún hacerlos suyos. Si se sienten injustamente tratados, se sienten decepcionados por tanta falsedad y deshonestidad. Esto les puede provocar reacciones extremas como por ejemplo:

1. Desquiciarse
2. Retirarse completamente
3. Ni siquiera intentar buscar la aprobación de los padres, ya que, por lo que parece, no vale la pena.

Los padres pueden aprender a tener más valor y más seguridad interna para demostrar sus sensaciones y sentimientos gracias a la convivencia con niños índigo. Un niño índigo suele saber en la mayoría de los casos cómo encontrar los puntos flacos de los padres. Saben perfectamente cómo encontrarlos, cómo tocar el botón adecuado para que usted «salte». Sí le muestra abiertamente sus emociones y su vulnerabilidad a su

---

* Existe un libro muy valioso que habla de los efectos de los mensajes y me gustaría recomendárselo: Masaru Emoto: *El Mensaje del Agua*.

hijo, éste le apreciará y honrará. Es entonces cuando habla su lenguaje y puede estar seguro de que un niño índigo, con su deseo de verdad y cordialidad abierta, no se aprovechará de usted ni le engañará –a parte del hecho que todo niño necesita áreas en las que pueda testar los límites.

Para los padres, poder abrirse a sus hijos, suele suponer un paso importante. No es una decisión fácil y menos aún cuando no se tiene ninguna experiencia. Pero es bien cierto que uno cosecha lo que siembra. Honestidad y apertura favorecen la confianza y es terreno abonado para establecer relaciones «interhumanas». El niño aprende a conocer a sus padres tal como son y esto le da valor para abrirse y mostrarse como es él. En lugar de alejarse el uno del otro, se crea una relación estrecha y nadie se siente como un extraño en su propia casa.

Manejar conflictos sin que haya derrota

Esta manera de manejar conflictos se llama en inglés. *Win-Win* (*to win* quiere decir en inglés 'ganar'.) Esto significa que en este método nadie gana y nadie pierde o mejor dicho ambos ganan, ya que la solución satisface a los dos. También se podría decir que es una manera de resolver conflictos que conduce a la satisfacción de las dos partes implicadas, puesto que al final se pacta un acuerdo que agrada a los dos.

Por ejemplo: la madre o el padre y el hijo están en una situación de deseos opuestos. (El niño quiere algo, pero los padres tienen buenas razones para negárselo.) El padre o la madre ofrecen al niño buscar juntos una solución aceptable para ambos. En esta búsqueda uno o ambos pueden proponer posibles soluciones. Se analizan críticamente las propuestas y finalmente se acepta una que es determinante y que satisface a ambos. Al principio cuesta un poco actuar de esta manera, ya que el sistema es desconocido y exige de ambas partes ganas de experimentar. Pero lo cierto es que funciona y hace la vida bastante más llevadera para todos. Puesto que los niños índigo son muy abiertos y receptivos para la honestidad y puesto que quieren ser tratados de igual a igual, les encanta este método y mantendrán lo acordado. Por su forma de ser les gusta esta manera de relacionarse.

2. ¿Cómo se enfrenta un niño índigo a un problema?

Un niño que asume su fuerza intentará solucionar sus problemas de acuerdo con sus elevados principios. Las respuestas deben ser éticas, amorosas y humanitarias. No puede aceptar manifestaciones carentes de integridad y honestidad sólo porque parecen ser las más rápidas y las más cómodas. Intentará dejarse guiar por sus sentimientos internos y hacer lo que parece correcto para él y los demás. Un niño desequilibrado, que no está en contacto con sus emociones, tiene dificultades para solucionar sus problemas, está desconectado de su sabiduría interna, está confuso, desorientado y no se fía de sus propias soluciones. No puede imaginarse cómo unir su consciencia cósmica con la realidad terrenal. Se retira, se siente aislado e incomprendido. El problema sigue sin resolverse.

Aburrimiento

Suele decirse que la mayoría de los niños índigo se aburren rápidamente. Parece que a nivel interno hay algo que les empuja constantemente y que saltan de un objeto de atención a otro. Estos niños necesitan especialmente que se les preste mucha atención y que se les brinden retos diferentes para que no se aburran. A esto se une que tienen el don de percibir mucho más de lo que parece normal. Sus pensamientos parecen volar sin su consentimiento.

No entienden que nosotros no percibamos o no reconozcamos lo mismo que ellos. Intentan comunicarse con nosotros a nivel de alma, pero suelen tirar la toalla cuando se encuentran con la incomprensión.

El mundo material tal como lo hemos creado nosotros parece aburrirles. Asimismo les aburren las tareas rutinarias. Preferirían dedicarse a sus propias tareas, tareas que sienten que son importantes para ellos. A diario tienen que hacer un gran esfuerzo para no hacer lo que realmente les gustaría hacer, lo que sienten que es verdaderamente lo «correcto e importante». Debido a que por regla general no se les permite «distraerse» y hacer otra cosa empiezan a aburrirse. Saben que podrían aprender mejor siendo más activos y si se les permitiese pensar por sí mismos, pero la mayoría de los sistemas educativos no están preparados para dejar que cada niño aprenda a su manera. Tanto sus padres, su entorno o su colegio les exige raras veces un rendimiento que corresponda su nivel espiritual y mental.

¿Pero qué es realmente el aburrimiento? ¿Es posible que el aburrimiento no sea otra cosa que permanecer más tiempo ocupado con algo, algo que nuestro mundo tan rápido no puede tolerar? El aburrimiento suele presentarse cuando uno debe hacer algo que no está en concordancia con la convicción interna ni con la alegría del corazón. ¿Es posible que los niños índigo sencillamente necesiten más espacio? ¿Es posible que el aburrimiento de estos niños sólo sea una apariencia y que en el fondo lo que necesiten sea más tiempo para recuperarse del estrés que les causamos, ya que nuestro mundo no tiene nada que ver con lo ellos piensan?

Los niños índigo tienen una genética diferente; viven en un estado despierto. Para ellos existen menos velos entre los niveles terrenales y espirituales. Piensan más deprisa, comprenden más deprisa y su energía fluye en forma de ideas y pensamientos en un tiempo veloz a través de las «redes»* mentales de sus cerebros. Todo lo que no va tan deprisa como ellos, les aburre y hace que se distraigan.

A parte de su genética diferente parece que también su cerebro está configurado de otra manera. Parece que tienen más «puentes» entre su hemisferio izquierdo y su hemisferio derecho y que ambos interaccionan más y mejor. Es por ello que necesitan otros retos para conservar su interés. A esto hay que añadir que con frecuencia sólo les interesan de verdad los temas que tienen que ver con lo mental, con contenidos honestos, conscientes del medio ambiente y rectos. Sus ideales son demasiado elevados. Los niños índigo son diferentes y reaccionan de manera distinta; por ejemplo, tienen que moverse mucho mientras piensan, aprenden y crean algo; gracias al movimiento de su cuerpo encuentran una especie de tranquilidad gracias a la cual pueden concentrarse y pensar con claridad.

* Véase el glosario final.

Vivimos en la era de las informaciones rápidas. Por tanto tampoco nos debemos extrañar de que los niños índigo jueguen o se dediquen a algo nada más que un rato. La necesidad de movimiento o cambio les exige seguir adelante. Esto no significa necesariamente que todo les aburra, pero el aburrimiento aparece invariablemente cuando tienen que dedicarse mucho tiempo a la misma cosa. La continua repetición de lo mismo no les interesa para nada. Puede ocurrir, por ejemplo, que tengan un juguete preferido con el que juegan una y otra vez. Pero jamás jugarán durante horas, tal como lo hacía la generación anterior, con el mismo objeto a no ser que éste sea móvil. En el futuro habrá muchos más juguetes móviles, juguetes que hablan, hacen ruidos y contestan, ya que estos niños los exigen y les fascinan.

Los niños índigo necesitan su propia forma de tranquilidad independientemente de que nosotros lo entendamos o no. Situaciones que a nosotros nos pueden estresar, permiten que un niño índigo se relaje.

Si se observa atentamente a un niño índigo, uno se puede dar cuenta con frecuencia que se relajan precisamente con los juegos de ordenador. Hay mucha gente que piensa que todos estos juguetes son nocivos para los niños, sin embargo parece que a los niños índigo les descansa y les recarga las «pilas». Seguramente es adecuado para los tiempos que corren, que existan tantos juegos de ordenador. (Afortunadamente existen juegos de ordenador con contenidos pedagógicamente valiosos y no sólo los negativos y violentos.)

A muchos adultos les sorprende ver cómo niños pequeños saben manejar un programa de ordenador y cómo pueden ayudar a sus padres que tal vez tengan ciertas dificultades con él. Con frecuencia ocurre que los niños índigo son tan rápidos en su creatividad que no encuentran las palabras adecuadas que necesitan para expresarse.

Estas tareas estimulan a ambos hemisferios del cerebro, activan la intuición y la creatividad y con ello deja de existir el aburrimiento.

Concentración y atención

Un tema muy actual, tanto en el colegio como en casa, es la queja permanente con respecto a la falta de atención de muchos niños. Pero no sería correcto afirmar que todos los niños índigo son distraídos. De la misma manera que no se puede asegurar que todos los niños con problemas de atención –es decir, niños con Síndrome de Déficit de Atención (SDA), sean niños índigo. Pero es cierto que llama la atención cuántos niños índigo pertenecen a esta categoría. Si investigamos eso más a fondo, nos encontraremos con dos resultados contradictorios: por una parte veremos que los niños índigo pueden ser muy atentos, siempre y cuando les interese lo que se está haciendo en ese momento. Sin embargo, no son capaces de dirigir su atención activamente. El más mínimo cambio en su entorno puede molestarles, distraerles o cautivarles de forma inconsciente.

Un niño índigo recibe mucha más información en forma de pensamientos, ideas e imágenes que otros niños, debido a su sensibilidad y su percepción extrasensorial altamente desarrollada. A veces se siente tan abrumado por este exceso de información que se vuelve inquieto y confuso. Esto se puede explicar de la siguiente manera: cuando una persona tiene contacto con energías superiores, se intensifica su contacto con los niveles espirituales. Eso, a su vez, significa que recibe «en su cabeza» aún más imágenes y mensajes y también puede ser que esté «leyendo entre líneas».

Para que usted pueda entender mejor lo que les está pasando a los niños índigo me gustaría animarle a realizar este ejercicio: imagínese que está sentado en algún lugar intentando escuchar a alguien que le está mostrando o explicando algo:

1. Ud. está tan abierto, sensitivo e intuitivo que siente enseguida lo que le quiere explicar la persona que tiene enfrente. Pero todo tarda tanto tiempo y va tan despacio... Finalmente su atención se esfuma.
2. Además, recibe tantas imágenes y mensajes que el tema en cuestión se está presentando continuamente desde ángulos

distintos. Ideas creativas le arrollan como un río de lava que pasa desde el plano mental directamente a su cabeza. Una ola de información se precipita en su cabeza y además, tan rápido que ni siquiera es capaz de expresar en palabras todo lo que está percibiendo y experimentando... Finalmente su atención desaparece.

A este talento debemos añadir el hecho que un niño índigo de alguna manera ya lo sabe todo intuitivamente. Debido a ello, con frecuencia hay temas que ya no le atraen. Prefiere seguir los nuevos conocimientos que le están pasando por la cabeza para ver qué soluciones se van presentando. Los profesores no suelen reconocer este fenómeno e interpretan la conducta del niño como falta de interés. Pero los niños índigo viven en su mundo, ya que el mundo material les parece excesivamente simple y superficial como para dedicarle demasiada atención.

Algunos de los niños índigo seguramente sufren el SDA. Pueden irritarse tremendamente cuando se cambian cosas de su acostumbrado sitio o se añade algo. Cada movimiento, cada ruido, cada suceso les distrae y atrae su atención. Precisamente en el colegio, en el que se obliga a los niños a que se estén quietos tanto tiempo, cada lápiz que cae al suelo, todo lo que sucede afuera puede distraerle y desviar su atención de la lección. Un niño de estas características se olvida de todo lo que tiene a su alrededor. Para este niño suele ser muy difícil focalizar su atención amodorrada de manera consciente al tema que se está ofreciendo en un momento dado.

Debemos añadir a todo esto que el niño índigo es un niño muy activo y que necesita el movimiento para poder estudiar. Simplemente, funciona diferente y aplica sus fuerzas de otra manera. Permite que otros impulsos, que tienen que ser vivaces y motivadores, le guíen. Si este niño se encuentra en un entorno que no le convence, quiere desaparecer de inmediato. Huye fácilmente e intenta «darle la vuelta» a esa situación o darle un sentido más profundo.

Un niño índigo con SDA necesita metas que pueda ver. Metas que le motiven, ya que sus fuerzas se estructuran y se desmoronan continuamente y esto en un plazo muy breve. Quiere ser libre e independiente. Le cuesta concentrase en cosas que no tienen importancia y odia tener que «rendir» sin que haya un fuerte estímulo, sin motivación y sin ánimo. A veces, se tiene la sensación de que un niño índigo con SDA sólo se siente vivo cuando experimenta cosas fuertes.

Una profesora que tiene mucho cariño a estos niños y les comprende muy bien cuenta lo siguiente: «*Cuando quiero tener una clase tranquila y armónica es muy importante que deje mucha libertad a los pocos niños que hay en la clase y que probablemente son niños índigo. A veces sucede que algún niño se levanta y camino un rato por la sala para luego sentarse y volver a prestar atención. Otro niño necesita levantarse, ir a su mochila, sacar todas las cosas que hay en ella para luego volver a colocarlo todo de otra manera. Al cabo de los cinco minutos vuelve por deseo propio al grupo y participa. Acostumbro a decir en estos casos: «¿Ya lo tienes?» Normalmente los niños afirman amablemente: «Si, ya lo tengo.» Mi experiencia con esta actitud es muy positiva y no se interrumpe la clase constantemente.*»

La opinión de la profesora: a los niños hay que dejarles este espacio de libertad.

Síntomas del SDA

- ✔ El niño no es capaz de dedicar una atención especial a un tema a no ser que éste le fascine literalmente.
- ✔ Comete faltas en el colegio por despreocupación.
- ✔ Muchas veces parece no escuchar cuando se le habla directamente.
- ✔ Cualquier distracción de fuera le distrae.
- ✔ Con frecuencia pierde, olvida o cambia de sitio las cosas que son importantes para la realización de sus tareas o actividades; es despistado con respecto a la rutina diaria.
- ✔ Le cuesta mantener la atención, ya sea referente a los deberes o a los juegos.
- ✔ No obedece a instrucciones o advertencias.

- ✔ Con frecuencia tiene dificultades en la organización de los deberes o actividades.
- ✔ Le cuesta aprender reglas nuevas porque cuando le fueron explicadas no prestó atención.
- ✔ Le cuesta escuchar; pierde partes enteras de una frase o detalles concretos.
- ✔ Tiene tendencia a aburrirse rápidamente.

Cuando dos o más síntomas están marcadamente más presentes que en otros niños de la misma edad y aparecieron antes de los siete años, se habla de SDA, es decir, de Síndrome de Déficit de Atención o Trastornos de Atención. Estos trastornos deben ser analizados y tratados de manera específica.

Diversos grupos que trabajan con niños que muestran el SDA, explican que estos niños se diferencian de otros niños en su condición física y esto hace que reaccionen de manera diferente y que manejen las situaciones y el tiempo de otro forma. Esto ya lo conocemos de los niños índigo (el ADN diferente) que también reaccionan de manera desacostumbrada para nosotros. Siempre es posible encontrar paralelismos.

Después de haberme dedicado bastante a este tema, me parece que nos urge modificar nuestra forma de pensar y aceptar lo nuevo. Se nos exige ahora mucho valor, compasión, aceptación y un cambio en la estructuración para que podamos aprender a comprender a estos nuevos niños y para encontrar nuevas maneras de trato con respecto a ellos.

Uno de los problemas más grandes del niño índigo es que se compara con otros niños que se etiquetan como normales. El niño índigo deduce entonces, «si los otros son "normales" yo debo ser "anormal"». Pero el niño índigo anhela ser aceptado como «normal». Ese niño está expuesto a una tremenda presión. Desde la más tierna infancia choca con su manera de ser y con los propios límites. La presión aumenta normalmente cuando comienza a ir al colegio. Miedo a no ser capaz o la sensación de no estar en el lugar adecuado, empeoran la capacidad de atención y fundamentan la resistencia. Muchos niños desarrollan problemas con la lectura u ortografía debido a esta situación.

En el marco de un estudio de ochenta niños con dificultades de lectura u ortografía el profesor Thomas Burger y el Dr. Max Kastenhuber de Linz, describen con qué facilidad estos niños aprenden con un ordenador:

> «...Los niños prefieren trabajar con un ordenador en lugar de otro tipo de ayuda didáctica. Ni son los maestros, ni los padres los que dan una retroalimentación con respecto a una solución correcta o errónea sino una máquina. Con esta máquina no tienen una relación personal que podría echarse a perder debido a demasiados fracasos. Soportan mucho mejor la crítica de un ordenador ya que los programas posibilitan también la sensación de éxito. El ordenador le ofrece seguridad ya que muchos componentes son estables. La escritura, las imágenes y los sonidos ofrecen una apariencia fácilmente reconocible y constante. La retroalimentación es calculable: errores son errores, lo correcto es reconocido como correcto. Incluso después de muchos intentos fallidos el ordenador no dice "ya era hora" o "por fin" cuando algo es correcto. Para los niños índigo esto es muy importante, ya que no aceptan de buen grado la crítica y no la toleran.
>
> »Los niños aprenden a solucionar problemas y a desarrollar una estrategia propia. Permanecen alejados de la presión de tener que aportar resultados; están más motivados, aprenden más y mejor y están orgullosos de los resultados. Si los padres se ocupan seriamente de limitar el uso del ordenador, ambas partes, padres igual que niños, disfrutan de sus ventajas».

Ayudar de verdad a un niño índigo significa aceptarle y explicarle que es diferente y que aporta otros talentos. Lo más importante es que el niño pueda aceptar su manera de ser y que pueda construir una propia sensación de autovalía. De esta manera no tiene la necesidad de «enmascararse» con la esperanza de ser aceptado y amado como normal. Puede comenzar a expresar sus habilidades.

Es importante que hable con su hijo y le pregunte qué soluciones propone él. Una conversación basada en la aceptación y el reconocimiento puede ayudar en el desarrollo de pensamientos y estrategias comunes que gustan al niño y le llenan. Elogie a su hijo con frecuencia y acepte su verdadero papel de padre.

Un niño necesita elogios y una estructura familiar clara para sentirse bien. Es entonces cuando puede deshacerse de las cargas y jugar, aprender y crecer libremente.

Resistencia y cansancio

Con frecuencia se observa que existen dos tipos de niños respecto a la resistencia y el cansancio.

Los niños del primer grupo se cansan fácilmente o se quejan durante días de su cansancio, están demasiado cansados para levantarse, vestirse, desayunar e ir al colegio. Estos niños son muy pasivos, les falta empuje y tienen pocos contactos. El hecho de estar tan cansados conduce frecuentemente al fracaso escolar. Un niño así será probablemente evaluado incorrectamente por parte de la dirección del colegio y será enviado a otra clase. Esto, a su vez, conduce a una sobrecarga en el niño y en vez de disminuir los problemas, éstos aumentan.

Los niños del segundo grupo se despiertan por la mañana, corretean todo el día por la casa y el colegio, no quieren, cuando aun son pequeños, dormir la siesta y por la noche se acuestan muy tarde y esto sólo cuando ya no queda nadie que se quiere quedar despierto con él. Descansan y se recuperan en cualquier parte, incluso en una tasca o un restaurante. Son, contrariamente a los niños que se cansan rápidamente, muy activos, les encantan los contactos con los demás, pero en el colegio son difíciles de encasillar ya que su imperiosa necesidad de movimiento hace que sean unos «espíritus inquietos».

La curva de rendimiento de los niños que se cansan rápidamente y que tienen poca resistencia, suele bajar notablemente al cabo de pocos minutos. Su capacidad de rendimiento sufre grandes altibajos. A veces no se pueden acordar de lo que acaban de leer, decir o pensar y por ello se producen enormes lagunas de información. Días buenos y rachas malas se alternan, algo que es difícil para todos.

Encontrar en qué fase del día el niño tiene más resistencia, puede ser de gran ayuda para que se enfrente entonces con los deberes aún no realizados.

Resulta llamativo cuántos padres de niños índigo escuchan, cuando le llevan a un médico o terapeuta, el diagnostico: «Su hijo padece SPO (síndrome psico-orgánico)» o cualquier otro síndrome de déficit. Y es cierto, algunos niños índigo muestran señales de SPO, pero otros no lo padecen. Hay que aclarar que sólo algunos niños índigo son niños con síndrome de déficit.

Es difícil imaginarse cuántas denominaciones de síndromes de déficit existen y se adjudican a los nuevos niños. ¿Es que todos son casos psiquiátricos o tal vez hay algo que no va bien con nosotros? ¿Por qué hay tantos niños que en realidad son niños índigo, pero se les trata como niños con síndromes de déficit? Una explicación podría ser la escasa experiencia con estos niños y la consecuente incomprensión que nuestro mundo muestra a estos niños, hecho que, a su vez, sobrecarga y cansa a los niños, sobretodo desde que en 1980 apareció la denominación TDA y en 1987 TDAH y fue declarada y reconocida universalmente como un cuadro de enfermedad. En la última década se ha encasillado en esta corriente a millones de niños.

A continuación apunto algunas denominaciones de síndromes de déficit que aparecen con respecto a los niños índigo:

- ADD: Attention Deficit Disorder (en países de habla inglesa)
- TDA/SDA: Trastorno de Déficit de Atención o Síndrome de Déficit de Atención
- ADHD: Attention Deficit Hyperactivity Disorder (en países de habla inglesa)
- SHK: Síndrome Hiperkinético

He aquí más conceptos y denominaciones que se mencionan en relación con los trastornos de déficit mencionados más arriba:

- Ambidextra
- Miedo a lo nuevo, a los cambios y modificaciones
- Clumsy Child Syndrom (niños torpes)
- Discalculía (trastorno en el aprendizaje de matemáticas)

- ✔ Dislexia (trastornos en el aprendizaje de lectura)
- ✔ Hiperactividad (exceso de actividad)
- ✔ Hipertensión (tensión sanguínea alta)
- ✔ Hipoactividad (falta de actividad)
- ✔ Legastenia (trastornos en el aprendizaje tanto de lectura como de ortografía)
- ✔ Trastornos de aprendizaje
- ✔ Síndrome de hiperexcitabilidad
- ✔ Trastornos de conducta agresiva
- ✔ Diversos trastornos de percepción

He confeccionado esta lista solamente con las denominaciones que, según mi opinión, tienen que ver con los niños índigo. La lista de los síndromes de déficit es mucho más larga. En el futuro veremos en qué punto coinciden los niños índigo con niños que padecen SPO o en qué se parecen los niños índigo con otros niños que padecen síndromes de déficit. Visto el número de niños afectados y la cantidad de síndromes, se debería considerar otra cuestión importante: ¿Ha llegado el momento que cambiemos nuestra forma de pensar? En el futuro será imprescindible que adoptemos nuevos modelos y nuevas maneras de pensar para tratar a estos niños de forma adecuada.

Comportamientos sociales

Los niños índigo poseen una percepción muy poco marcada en lo que se refiere a los límites sociales. Con frecuencia se les adjudica una falta de distancia o de escrúpulos en su trato con adultos, ya que a ellos les gusta comunicarse «al mismo nivel». Sobre todo cuando se sienten comprendidos son muy abiertos, llenos de confianza y les encantan las conversaciones intensamente ingeniosas y dinámicas.

Por un lado tienen la tendencia de tener amistades bastante frívolas y por otro lado se aferran a un sólo amigo o unos pocos compañeros. En el fondo no les gusta lo superficial, pero la mayoría de los demás niños no les suelen interesar por no estar en la misma onda. Prefieren tener pocas amistades pero íntimas, y cuando son muy jóvenes puede darse el caso de que tengan un sólo amigo que les guste de verdad.

Con frecuencia se puede observar una relación muy estrecha con animales domésticos, debido al gran amor que sienten por ellos. Los animales representan para estos niños un trozo de hogar, ya que sienten que son honestos e íntegros. Los animales se expresan claramente, muestran los límites y aman incondicionalmente. Los niños índigo pueden ser ellos mismos en su relación con animales, no tienen que fingir.

Los niños índigo pueden sentirse muy inseguros cuando todo el mundo les transmite la sensación de ser diferentes de los demás niños. Esta inseguridad puede degenerar en agresividad, reacciones de huida, depresión o aislamiento. Con frecuencia este niño no comprende al mundo y tiene la sensación de haber aterrizado en un planeta equivocado. Debido a que viene a nuestra Tierra para amar incondicionalmente a las personas, la propia Tierra, las plantas y los animales, nuestra manera de funcionar les parece muy chocante. De modo que tiene que encontrar una forma de canalizar y expresar su inseguridad. La presión originada en el entorno para que se adapte a la sociedad es muy grande, pero este niño se niega a ser forzado a hacer algo con lo que no está de acuerdo. Incluso la presión social no consigue que este niño se someta. Si se le obliga a comportarse socialmente de otra manera y adaptarse a la norma, pierde con facilidad el contacto con su Ser interior y pierde su centro. Esto puede tener como consecuencia una resistencia tremenda y la rebelión.

Puesto que los niños índigo están seguros de que tienen el pleno derecho de actuar según su propio criterio, surgen las dificultades cuando se les obliga a hacer otra cosa. Un niño índigo tiene su propia interpretación de lo que significa un grupo y la amistad y con frecuencia se le juzga como inmadura para estar en un grupo. Pero lo que en realidad suele suceder es que tiende a ser un niño solitario, ya que los demás niños raras veces le comprenden o aceptan y por tanto no puede compartir con ellos sus ideas espirituales y sus propios ideales. Dentro del grupo se aísla cuando se siente incomprendido y esto no es bueno ni para el grupo ni para el niño. Lo mejor es que un niño índigo encuentre amigos que le comprendan y que compartan sus ideales.

Existen muchas historias que nos hablan de madres que ya no saben qué hacer para que su hijo se comporte en público de manera «adecuada». Cuando uno arrastra en el metro o en el supermercado a una criatura chillando y cuando todo el mundo le mira a uno con expresión acusadora, es muy fácil que aparezca el desespero. Cuando los padres comienzan a entender a sus hijos desde una perspectiva espiritual, reconocen al niño como uno de los «nuevos niños» y comprenden las conexiones del alma. Es como si estuvieran viéndolo todo a través de unas gafas nuevas que transforman las perspectivas. ¡Se dan cuenta de que en lugar de llorar por culpa de una situación determinada, se pueden echar a reír porque todo es tan extraordinario! De este modo la vida se vuelve más fácil, tanto para los padres como para los hijos.

Verena Trautwein, madre de dos niños índigo, Heilpraktiker y terapeuta de radiónica, cuenta:

«David tiene siete años y es un niño muy abierto y amable. Cuando dábamos un paseo con su cochecito decía 'hola' a todo el mundo y saludaba amablemente incluso a la gente que iba por la otra acera. Tiene un campo energético muy amplio y se vive a sí mismo en todas aquellas personas que le rodean. Incluso en el parvulario era como una esponja. Muchas veces llegaba a casa al mediodía y no hacía otra cosa que chillar durante una hora entera para liberarse de tantas impresiones recibidas por la mañana.

Más adelante, en el colegio, tenía una y otra vez dificultades con los compañeros. Pasaba junto a ellos y, como quien no quiere la cosa, les tocaba o pellizcaba. Para él esto era una forma de establecer contacto, pero la mayoría de los niños no respondían de manera positiva. Lo sentían como algo demasiado cercano y le empujaban o, incluso, le pegaban. En casa lo contaba sin poder ver una relación entre su comportamiento y el resultado que provocaba. Con frecuencia sucedía que se quedaba simplemente en el centro de la sala observando a los demás niños y ellos se sentían molestos. Algunos de los niños corrían detrás de él y le pegaban o le empujaban al suelo. Muchas veces esto formaba parte de un juego, pero otras veces las cosa se ponía serias y él se sentía entonces muy confundido.

Tenía un profesor muy cariñoso y atento y con él hemos comentado muchas veces cómo podíamos ayudar a David para establecer un mayor contacto con su Yo y su fuerza interior. No conocía límites y menos aún los suyos propios. Una y otra vez intentábamos explicarle las relaciones entre causa y efecto, pero un niño de seis años no entiende estos argumentos, sólo aprende a través de la actuación. Todos aprendimos mucho a raíz de sus dificultades y reconocimos cada vez más que éramos nosotros los que teníamos que cambiar si queríamos ayudarle de verdad. Los métodos de crecimiento personal adquiridos a lo largo de los años tuvieron ahora una mayor utilidad en el propio hogar. Veíamos que no nos encontrábamos bien cuando él no estaba bien y que no éramos felices si él no lo era. De modo que empezamos a experimentar cómo podíamos aplicar nuestras habilidades y nuestro conocimiento para el bien de toda la familia. Descubrimos aspectos cada vez más nuevos que no habíamos percibido antes.

No era fácil tener que reconocer que David expresaba necesidades a través de su comportamiento que nosotros ni siquiera habíamos tenido en cuenta o que estaban fuera de nuestra percepción, ya que no encajaban en nuestro día a día. Reforzado por la decisión de reestructurar las condiciones en casa según las necesidades también comenzamos a cambiar nuestro trato con David. Sus dificultades nos servían para experimentar con nuevas formas.

David, por ejemplo, no reconocía ninguna limitación. Esto también sucedía en casa. Le decíamos algo y él simplemente hacía oídos sordos. Esto, a su vez, nos reflejaba hasta qué punto él entendía los límites que le imponíamos.

Nos dimos cuenta de que teníamos que establecer una nueva relación con los límites y tuvimos que reconocer que con frecuencia ni siquiera sabíamos lo que eran límites sensatos y sanadores. Lo aprendimos con el tiempo gracias al método de ensayo y error. David nos exigía límites y si no se los dábamos, él nos mostraba con su conducta los nuestros de modo que tuvimos que volver a definir forzosamente una y otra vez tanto sus límites como los nuestros.

Hubo épocas de un caos indescriptible y David era el principal actor. No nos rendimos. Nos tomamos mucho tiempo y mantuvimos nuestra intención de reestructurar la vida familiar dando a cada uno el espacio más amplio posible. Queríamos comer juntos sin que hubiera gritos, queríamos hacer cosas juntos, queríamos pasarlo bien y tener una vida hogareña.

Nosotros, los padres, tuvimos que aprender a imponernos y reconocer nuestras propias necesidades. Tuvimos que darnos cuenta de que habíamos adjudicado más prioridades a nuestros hijos que a nosotros mismos. Ellos, sin embargo, no querían aceptar esta responsabilidad, de hecho, les estresaba. Poco a poco comenzamos a asumir nuestro papel de padres y en la medida en que lo lográbamos, los niños empezaban a ser niños. Un día en una reunión de padres hice algo que describe perfectamente mi proceso y es que llegué a decir algo que para mí ha sido un descubrimiento trascendental: que mis hijos son felices en la medida en que yo soy feliz y me encuentro bien. Yo me encuentro bien cuando ellos hacen lo que les pido.

Actualmente nos sentamos a la mesa para comer y hablar. Es divertido ver cómo disfrutan de nuestra guía amorosa. Los dos son grandes individualistas y nos muestran claramente lo que quieren y lo que no. Escuchamos y con nuestra experiencia como padres, decidimos lo que es factible y lo que no lo es. Nuestra meta siempre es facilitarles aquello que es posible y ellos lo saben. Todos los días aprendemos nuevas maneras de conducta más armónicas sostenidas por el amor y respeto mutuos.

Hicieron falta varios meses de atención constante para poder restablecer en nuestra familia un nuevo ambiente y nuevas formas de trato entre nosotros mismos y lo cierto es que lo conseguimos. Pero aun así, David seguía teniendo problemas con sus compañeros de clase. No estaba del todo dentro de su cuerpo y no encontró su lugar dentro de la clase. Finalmente le traté personalmente con la radiónica y le preparé un holograma del alma. Con esto conseguimos enterarnos, entre otras cosas, que en su inconsciente tenía almacenado sentimientos de impotencia. Al cabo de unos días de tratamiento radiónico volvió del colegio contando que los otros niños le habían pegado nuevamente. Cuándo le pregunté ¿por qué? me contestó: Creo que les he chinchado. Esta autorreflexión era algo nuevo. Hasta ahora la respuesta siempre había sido: no lo sé, yo no les he hecho nada. Unos días después vino a casa y dijo: Hoy no me han pegado. No les he chinchado. A partir de este suceso comprendió algo que no habíamos sabido hacerle entender antes.

Desde entonces siente su cuerpo más intensamente, tiene amigos, comunica sus necesidades, es abierto y al mismo tiempo sigue siendo un niño pequeño que continúa midiendo sus limitaciones con la nuestras y se siente feliz cuando se las mostramos. Todo su campo energético se ha reestructurado según un orden superior y nosotros estamos contentos con este tratamiento tan suave que le fortalece desde dentro y le apoya día a día en la expresión de su potente Ser.»

Hiperactividad e inquietud motora

¿Qué significa exactamente hiperactividad? ¿Por qué en los últimos años se está hablando tanto de la hiperactividad? ¿Por qué están apareciendo cada día más niños nuevos en todo el mundo cuyo diagnóstico es «hiperactivo»? Me gustaría analizar el tema de la hiperactividad de estos nuevos niños desde varias perspectivas y mostrar cómo podemos aceptar en serio y aprender a comprender a estos nuevos niños.

En alemán se denomina la hiperactividad con las siglas ADSH que significa Síndrome de Déficit de Atención con Hiperactividad. También se suele utilizar la denominación inglesa que es ADHD que significa *Attention Deficit Hyperactivity Disorder*. La palabra 'hiperactividad' en sí significa simplemente 'exceso de actividad' y también se denomina 'inquietud motriz'. Menos conocido es la ADHD pasiva o ADSH pasiva, pero que se da con la misma frecuencia. Aquí la «H» no significa hiperactividad sino hipoactividad que en realidad es todo lo contrario, es decir, existe una falta de actividad o pobreza de movimiento.

Se está hablando y escribiendo tanto de estos cuadros de enfermedad por que se sospecha que últimamente hay un número extraordinario de niños con un cuadro de hiperactividad. Esto, a su vez, nos hace reflexionar que cuanto mayor sea el número de afectados menos posible es que estemos hablando de un auténtico problema de déficit psíquico. Ya de por sí es problemático que no exista ningún cuadro explícito. Cada uno de los afectados tiene su propia hiperactividad individual.

Las características son parecidas, pero la expresión es distinta en cada caso. El número de niños con un diagnóstico de hiperactividad ha aumentado en los últimos años de forma alarmante y muchos de los niños afectados posiblemente sean niños índigo.

El típico niño hiperactivo está orientado hacia el movimiento. Continuamente mueve las manos y los pies, muestra una actividad muscular excesiva y no es capaz de estar quieto ni por un momento. Está hablando constantemente, incluso, habla más de lo normal. Le encanta levantarse de su silla, tanto en el colegio como en casa o en otras situaciones. Corre, salta y se sube a todo y tiene muchas dificultades para permanecer quieto. Parece que está de marcha constantemente, que alguien le está empujando, que está lleno de un exceso de energía difícilmente controlable. Carece de la inhibición común de movimiento para los impulsos motrices y sensoriales.

El niño hiperactivo da las respuestas antes de que se haya terminado de formular la pregunta, provocando con ello inquietud e irritabilidad. Esto conlleva un gasto energético que uno se agota con sólo verle actuar. Parece que alguien le acosa, no está a gusto en su pellejo, es inquieto, inestable e incapaz de disfrutar. A esto se une con frecuencia el hecho de que el niño índigo no tiene una percepción clara de su cuerpo y por tanto suele padecer de dificultades con el cuerpo físico. Las funciones de sostén muscular y estático se cansan rápidamente provocando una búsqueda continua de nuevas posturas corporales por parte del niño. Cuando tiene que estar quieto entra en una situación de estrés y se pone nervioso.

Pero este niño también tiene muchos atributos positivos, pues suele ser muy cariñoso, abierto, dado al contacto con los demás, capaz de mantener una charla, tiene mucha imaginación, es muy intuitivo e inteligente, con frecuencia muy generoso y desprendido. No obstante, parece que estas características tan positivas sólo duran pocos momentos ya que las prisas del cuerpo y de los pensamientos predominan.

¿Cómo se puede soportar esto hora tras hora? Aquí, además, no sólo se trata de soportar sino de educar al niño. Un cometido casi imposible cuando se tiene que cuidar al mismo tiempo a otros hijos. Es cierto que los padres se encuentran en una situación muy difícil, sobre todo la madre ya que es ella la que pasa más tiempo con el niño. También sucede con frecuencia que no se reconoce el origen de los problemas, algo que provoca una gran inseguridad en la madre y un profundo sentimiento de culpabilidad que suele aumentar debido a la falta de comprensión por parte del entorno. Lo primero que debe saber toda madre es que a ella no le corresponde ninguna culpa. Pero está claro que es la madre la que lleva el niño en su vientre, con frecuencia ya muy activo durante la gestación, le acompaña durante los años de parvulario y es la que soporta la mayor carga.

La Señora Edith Klasen de Munich, psicóloga diplomada y doctora en psicología clínica especializada describe en una ponencia para la Asociación para la Educación de Niños Hiperactivos –una iniciativa de padres afectados– la situación de la madre y de la familia de un niño hiperactivo de la siguiente manera:

«A parte de la especial situación de las madres debido a errores psicoanalíticos, también son las madres las que desde el principio sufren más. Ellas llevan al niño en su vientre, un niño que incluso durante la gestación ya puede ser especialmente activo. En la fase de bebé suele tener dificultades durante el período de lactancia, no duerme y no come. ¡Ella es la que tiene que arreglárselas con un niño que llora y chilla continuamente, que pega su cabeza rítmicamente contra el parquecito, que no quiere que se le tenga en brazos, que no quiere que la madre le acaricie, pero que por otro lado mantiene a la madre en una continua preocupación y un ajetreo incesante!

Al principio ambos padres intentan guiar y proteger con métodos educativos normales a ese niño, cuyos comportamientos negativos se acentúan cuando comienza a andar. Pero pronto se dan cuenta de que a pesar de todo el pequeño consigue salir de su cuna, tirarlo todo, escaparse por ventanas y puertas e, ignorando todo peligro, acabar en la carretera aunque todavía esté en la fase del gateo. Ahora es cuando los vecinos, el personal del parvulario, los parientes y amigos empiezan a darse cuenta de que algo va mal. Casi sin excepción, señalan: estáis fallando en la educación, no prestáis atención, no tenéis autoridad frente al niño; ¡Si mi hijo se comportara así es porque yo...! Literalmente llueven las acusaciones y los sentimientos de culpabilidad que no son otra cosa que ataques destructivos dirigidos a la auto-estima paterna. Cada vez se tiene menos idea de lo que se podría hacer; tanto los castigos como los elogios que ya se han probado no han mostrado efecto alguno.

Cuando el niño hiperactivo llega a la edad escolar, a su comportamiento indisciplinado se une la agresividad. Niega cualquier tipo de autoridad, se rebela contra ordenes y prohibiciones y quiere modificar por la fuerza las reglas que rigen en la familia a su favor. En la mesa muestra unos modales francamente irritantes, en cualquier viaje en el coche no para de lloriquear, rompe cosas y pega a otros niños. Sin embargo, lo que parece una agresividad exacerbada puede que solamente sea en realidad irritabilidad, impulsividad e impotencia. Pero lo cierto es que este niño llama la atención en cualquier lugar, incluso en el colegio. Éste, a su vez, dirige más quejas y críticas a los padres. Hagan lo que hagan los padres, parece que no hay manera de solucionar la situación. Llega un momento en el que los padres se acusan mutuamente. Uno es demasiado permisivo y el otro demasiado estricto. El padre prohíbe que el niño salga a la calle, pero no está cuando hay que cumplir la prohibición y la madre se queja que es ella la que tiene que cargar con la mala conducta. Con frecuencia se da la situación de que el niño recibe mensajes contradictorios por parte de los padres: "Ahora mismo te vas a la cama" o "Puedes quedarte viendo la televisión hasta que termine el programa". Sea la que sea la reacción del niño, uno de los dos padres no está conforme –pero el niño quiere a los dos y quiere obedecer a los dos. En la mayoría de los casos estos mensajes de doble significado son mucho más sutiles que en el ejemplo dado anteriormente; sus efectos son tanto más devastadores. Los hermanos no entienden al niño hiperactivo, le odian por ser tan invasivo, por molestar cuando ellos juegan o practican cualquier actividad, no hace caso a los padres, no recoge sus cosas, no termina nunca nada porque aparentemente sólo conoce el acelerador, pero desconoce el freno. Los hermanos, los compañeros de clase y de juegos aíslan al niño. Los padres se aíslan y se les aísla a ellos porque también los adultos rechazan a ese hijo y no están de acuerdo con semejantes "fallos educativos"; se evita el trato. Proscripción y aislamiento impuesto desde fuera, descontento en el seno de la familia y una total impotencia son cargas que con frecuencia conducen al divorcio, es decir, al derrumbamiento de la familia y lamentablemente, en más casos de los que nos imaginamos, a los malos tratos.»

Parece ser que la hiperactividad casi siempre parece combinarse con el Síndrome de Déficit de Atención que la mayoría de los terapeutas, psicólogos y médicos lo encasillan en un trastorno. Con frecuencia también se encuentra el SDA junto con otros trastornos como el síndrome de Tourette,* intoxicación por plomo, legastenia y retrasos de crecimiento. Lo malo es que otros muchos trastornos como por ejemplo la depresión, la depresión maníaca, ataques de pánico y otros trastornos de la personalidad muestran síntomas parecidos y dificultan enormemente el reconocimiento de un cuadro unificado y comúnmente aceptado.

En líneas generales se presupone que los niños con el SDAH sufren modificaciones genéticas que habrá que investigar en el futuro. No obstante, se plantea la cuestión de si las denominaciones de SDA y SDAH no son más que intentos inútiles de encasillar esos patrones de conductas infantiles en alguna categoría para poder tratarlas de alguna manera. ¿No podría darse el caso que está teniendo lugar una reestructuración a nivel genético-biológico en nuestra nueva generación que aún no hemos comprendido y ante la cual, debido a nuestra falta de conocimiento, no sabemos reaccionar adecuadamente?

Alan Zametkin del Insitute of Mental Health en EE.UU dice que se comienza poco a poco a vislumbrar la causa biológica que existe detrás de SDAH: «*No podemos afirmar con exactitud qué estructuras o qué sustancias químicas están involucradas. El SDAH es como una fiebre, hay muchas causas que lo pueden provocar.*» Zametkin ha demostrado en un estudio científico que el 70 u 80 por cien de personas que sufren SDAH tienen un

---

* Una enfermedad neuropsiquiátrica cuyas características son «tics». Por ejemplo, puede haber «tics» múltiples a nivel motriz (tics musculares) o uno o más tics vocales (emisión de sonidos). Se trata de movimientos incontrolados, rápidos, normalmente de aparición repentina y a veces bastante violentos. Estos movimientos pueden aparecer una y otra vez ya sea individualmente o en serie.

número de receptores de la hormona tiroidea que se aparta de lo normal.*

La «Juvemus», Asociación para la Ayuda a Niños y Adultos con Trastornos Parciales de Rendimiento escribe: *Según el conocimiento actual de la ciencia, SDAH es un trastorno hereditario del metabolismo encefálico. Sustancias que se denominan neurotransmisores son producidas en cantidades insuficientes o se metabolizan demasiado rápidos»*

Estudios de la Universidad de Toronto demuestran que existe una relación entre SDAH y tres genes que codifican los receptores del neurotransmisor dopamina. En otras investigaciones se ha descubierto que en los niños hiperactivos existen estructuras diferentes del cerebro y que el tamaño de determinadas partes del cerebro también es distinto. También parece existir una relación entre los trastornos de déficit y las alergias al gluten** o alimentos dulces.

Desafortunadamente todas estas investigaciones se encuentran en fase primaria y hace falta más tiempo para poder aportar pruebas contundentes. En el caso de que se descubriera que los niños hiperactivos funcionan de manera diferente a nivel fisiológico, se podría suponer que estos nuevos niños están «más evolucionados» que nosotros.

Mientras tanto se ha podido comprobar que muchos niños índigo tienen un hígado diferente que nosotros, los precursores. La ciencia aún no sabe exactamente qué modificación del ADN ha tenido lugar, pero parece claro que algo ocurrió. Esta mutación del hígado parece una respuesta natural de adaptación a la comida que ingerimos, una adaptación a la comida basura para poder digerirla sin dañar la salud. (Véase el capítulo 4 «La salud del niño índigo».)

En muchas ocasiones, los padres, que se sienten totalmente incapaces de manejar las situaciones que su hijo provoca en casa, en el parvulario o en el colegio, deciden apoyarle en cola-

---

* Varios científicos han comprobado que existen diferencias interesantes entre individuos con e individuos sin SDAH. En la revista *Scientific American* se han publicado varios artículos sobre trabajos de investigación.

**Véase el glosario final.

boración con su médico, con determinados medicamentos. Éstos pueden mejorar la capacidad de concentración, cuando ésta falla, pero sobre todo intentan ayudar al niño a vivir en mayor armonía con su entorno. Con ello se evita que el niño tenga que soportar una situación de sobrecarga.

Un medicamento, el así llamado psicofármaco, es la Ritalina que se suele recetar a los niños que padecen SDA y/o SDH. Otros medicamentos que también se suelen recetar son entre otros Dexetrin, Cylert, Tofranil, Norpramin, Prozac, Paxil, Luvox, Zoloft y Adderall. Estos medicamentos son en sí bastante complejos y suelen tener en la mayoría de los casos un gran número de efectos secundarios. Hay opiniones muy dispares con respecto a la Ritalina y otros medicamentos similares; existe un movimiento a favor de la Ritalina y otro que es anti-Ritalina. Hay terapeutas, médicos, psicólogos y padres que consideran que este medicamento es peligroso, mientras que otras personas opinan que es la mejor oportunidad que se le puede brindar a un niño así.. (Véase capítulo 4)

Un paso en la dirección hacia una solución sería: ¡Información! La consideración prioritaria es, por supuesto, la ayuda que se pueda prestar a un niño índigo. Sin el apoyo por parte de los padres nada puede cambiar en el niño índigo. Necesita ayuda para poder comprender, aceptar y modificar su conducta.

Un niño hiperactivo es un niño que necesita y ama el movimiento. Todo el mundo es capaz de reducir el estrés mediante el movimiento. Cuando nos quedamos quietos, el cuerpo se carga estáticamente y esto, a su vez, hace que nos movamos. Durante el sueño sucede automáticamente: el cuerpo se gira y se da la vuelta en la cama sin que nos despertemos y, de este modo, se descarga. Un niño pequeño al que se le exige que esté quieto desea obedecer a la madre, pero no sabe cómo manejar esta situación de estrés. Quiere que su madre le quiera y le acepte y tiene terror a perder el amor materno. De este modo, el niño se enfrenta a un terrible dilema y para que su cuerpo no se sobrecargue estáticamente, comienza a hacer pequeños movimientos, por ejemplo, empieza a mover un pie, golpear la mesa con el lápiz, etc. Estos movimientos funcionan como una pequeña válvula de escape que va soltando poco a poco el vapor. Estos pequeños movimientos permiten al niño que se descargue y evitan que se tenga que levantar. Nosotros, los adultos hemos aprendido a quedarnos quietos cuando hace falta. Un niño, que según nuestro entender se mueve constantemente, supone para nuestra conducta bien entrenada un estrés añadido.

Para mantenerse con salud, se debe eliminar el estrés mediante el movimiento. Cuando los niños intentan quedarse quietos en contra de su naturaleza y necesidad, el estrés se queda en el cuerpo. Mediante movimientos pequeños, el niño intenta relajarse, pero nosotros interpretamos esto como una falta de atención y concentración. Visto desde fuera parece que el niño no es capaz de mantenerse quieto y parece nervioso. Hay muchos niños que durante el sueño dan muchísimas vueltas y se mueven constantemente para eliminar la tensión de su cuerpo. No obstante, esta descarga durante el sueño no suele ser suficiente y el nuevo día trae más estrés aún. En consecuencia, el niño evita enfrentarse con situaciones que le producen estrés. Comienza a llamar la atención. Éste es el momento en el que se suele avisar a los padres de que algo va mal en el comportamiento de su hijo.

El niño debería saber que es diferente y ver que hay muchos niños que tienen dificultades similares y que todo esto es, en el fondo, «completamente normal». Debe sentirse aceptado y debe saber que los demás entienden que su falta de concentración no es el resultado de pereza o estupidez sino de su manera de ser. Es entonces cuando puede comenzar a comprenderse a sí mismo como normal. El niño necesita urgentemente tener la sensación de que todo va bien, pero también hay que explicarle que tiene una manera de ser que es diferente.

Uno de los problemas fundamentales consiste en que el niño índigo se debe adaptar continuamente al imaginario mundo de sus prójimos que no son capaces de aceptarle como alguien normal; él, sin embargo, se siente totalmente normal. Vamos a suponer que los niños índigo funcionan de manera diferente, que tienen un ADN con nuevas y distintas capacidades que nosotros todavía no entendemos del todo. Ahora sí podríamos saber por qué a muchos niños se les diagnostica equivocadamente algún síndrome de déficit y que se les califica como distraídos, hiperactivos o hipoactivos.

A petición del colegio, la mayoría de los niños hiperactivos son analizados a fondo y en la mayoría de los casos no se encuentra ningún daño cerebral o algo similar. Con frecuencia uno se encuentra con que tienen un coeficiente intelectual muy alto a pesar de que en el colegio no «dan la talla». ¿Sería factible que estuviéramos ante un gran cambio evolutivo y que descubramos en el futuro próximo los detalles de esta evolución?

Características de niños hiperactivos

- Se mueven constantemente, apenas consiguen quedarse sentados y quietos; sus pies se mueven continuamente y sus manos están tocando todo el tiempo algún objeto. Cada dos por tres tienen que levantarse y darse una vuelta.
- Muestran una exagerada falta de concentración, sufren trastornos de atención y son incapaces de prestar atención durante un período de tiempo sostenido.
- Son inhibidos, tanto a nivel motriz como a nivel sensorial, pero carecen de la conducción normal; siguen a cualquier impulso que les incite a moverse o reaccionan ante cualquier estímulo sensorial. (Por ej.: un avión que cruza el cielo o una lámpara que se enciende.)
- Reaccionan de manera espontánea y sin pensar, no tienen consideración alguna.
- Irradian inquietud e irritabilidad, molestan a los demás y no les dejan terminar lo que quieren decir.
- Tienen una fuerte necesidad de hablar; a veces hablan continuamente.
- Con frecuencia cambian una actividad inacabada por otra.

Características añadidas:
- Falta de agilidad, movimientos torpes.
- Relación deficitaria con la realidad.
- Poca autovaloración.

- ✔ Decaimiento, incluso depresión.
- ✔ Tendencia a alterarse con facilidad.
- ✔ Mayor necesidad de afecto por parte de los padres o profesores.
- ✔ Su rendimiento no corresponde a su inteligencia.
- ✔ Con frecuencia participan en actividades corporales peligrosas sin preocuparse por las posibles consecuencias.

Características de niños hipoactivos

- ✔ Sus movimientos son lentos e inhibidos.
- ✔ Son muy pasivos, no actúan, se retiran y son tímidos.
- ✔ Carecen de motivación y tienen pocos contactos.
- ✔ Con frecuencia están demasiado cansados para hacer cosas.

Nuestro mundo se ha convertido en un mundo de información rápida y de alta velocidad. Los medios de comunicación, Internet y las telecomunicaciones aportan una increíble cantidad de información. En el futuro nos será cada vez más difícil pensar de forma lineal. Se nos exige pensar de manera holística, es decir, no lineal sino «entrelazada». Lo más probable es que estos niños nuevos, ya estén abiertos a esta nueva forma de transmisión de información desde el nacimiento, pero todavía se sienten sobrecargados en el marco de nuestra actual sociedad. Ellos piensan mejor mediante las imágenes y se manejan estupendamente bien con formas de pensamiento no lineales. Allí donde nuestro cerebro todavía no llega, es posible que ellos ya tengan las conexiones neuronales. El futuro nos dirá si ellos representan el siguiente salto cuántico de la evolución.

Miedo y valor

Bajo condiciones sociales y familiares óptimas, los nuevos niños pueden defenderse sin tener miedo y de manera abierta ante la hipocresía y la falsedad. Pero ello sólo es posible si estos niños están internamente equilibrados y están en contacto con su alma y sus emociones, no tienen problemas con la autoestima cuando se sienten aceptados y reconocidos por su entorno.

El niño índigo que no está centrado, al que no se le reconoce, no se le acepta y por ello tiene problemas con su autovaloración, es con frecuencia un niño miedoso y se preocupa constantemente por algo e incluso puede desarrollar auténticas fobias. Si el niño no puede orientar su vida según los principios más altos tal como él los entiende, puede volverse depresivo y autodestructivo. Ya que sus sentidos son hipersensibles, resulta fácilmente irritable y sobrecargado.

Otro problema para el niño índigo es su autoexigencia y lo que exige a los demás. Cuando estas exigencias no se ven cumplidas, el niño desarrolla considerables dificultades con su autoestima. Sus ideales tan altos también le dificultan hacer cosas que siente como no adecuadas o en los que no cree. Los intentos de hacerle modificar su conducta con castigos, conversaciones o imposiciones no dan fruto alguno, más bien todo lo contrario, el niño entra en la resistencia. La resultante inseguridad puede provocar continuos y crónicos ataques de pánico.

A parte de estos ataques de pánico que tienen que ver con su baja autoestima, el niño índigo prácticamente desconoce otros miedos que tienen que ver con su persona. Casi siempre se preocupa más por los demás; muestra una tendencia interna a la preocupación cuando se trata de temas que tienen que ver con la naturaleza, la justicia, los animales, la madre Tierra, las plantas u otros seres vivos. No le gusta que otros seres vivos sufran e intenta evitarlo.

Puede ocurrir que los compañeros de un niño índigo se rían de él, incluso le peguen porque éste se preocupa por ejemplo por los árboles y plantas. Cuando ve cómo otros niños dañan a un árbol sólo para divertirse, intenta proteger al árbol que para él es un ser vivo, y argumenta para excusarlo. Con ello corre el riesgo de que los demás niños se rían de él o le peguen. Cuando el niño índigo está en conexión con su centro y consciente de su misión, es atrevido y puede provocar un cambio profundo en la manera de pensar que tiene nuestro entorno.

Frustración y agresividad

Los primeros problemas suelen aparecer en el parvulario cuando se exige a los niños integrarse en un grupo y en los quehaceres rutinarios o enfrentarse a los demás. La mayoría de las guarderías ofrecen hoy en día posibilidades muy flexibles y suelen ocuparse de las necesidades individuales de cada niño.

La sensibilidad y delicadeza de los niños índigo junto con su exagerada sensibilidad a los ruidos pueden dificultar su plena integración en un grupo. El niño se retrae y muestra su frustración. De ahí pueden surgir reacciones agresivas mal conducidas mostrando de esta manera que no se siente aceptado y que obtiene menos cariño o comprensión de lo necesario. No acepta fácilmente una prohibición, una orden o una decepción. Las consecuencias son ataques de ira (el mecanismo de frustración-agresión) o malestar depresivo.

Sucede con frecuencia que un niño que en casa y en su entorno conocido está lleno de ideas y sabe realizarlas, no quiere dibujar o participar en las manualidades del colegio. Órdenes sugeridas provocan que el niño deje de reaccionar al cabo de un tiempo. El anhelo de una expresión libre de su creatividad, innata en un niño índigo, es muy grande y encaja difícilmente en las horas de dibujo, juegos o clases de «teatro» planificadas. Por ello, sucede a veces que las capacidades mentales del niño índigo no son reconocidas o tenidas en cuenta. Un niño índigo puede experimentarse como un fracaso a la hora del dibujo o en la clase de manualidades, ya que suele ser más lento y tal vez incluso torpe, sobre todo cuando no se fomenta su innata creatividad.

Cuando no se respeta a un niño índigo en su manera individual de ser, éste puede entrar en una crisis de histeria. Día tras día tienen lugar semejantes pruebas de fuerza que el adulto sólo puede ganar cuando demuestra su respeto por el niño. Parece que a los padres y educadores se les exige que se acuerden de su propia verdad interna para luego poder comunicarse con el niño desde esa perspectiva. Si usted consigue actuar así, pronto se dará cuenta de que se puede convivir bastante bien con este niño.

Las estructuras de la sociedad y de las instituciones educativas, tal como existen actualmente, no están a la altura de las exigencias de estos nuevos niños. Ellos no están dispuestos a tolerar lo que la humanidad no ha querido ver y ha aceptado a lo largo de muchos años. Odian la autoridad cuando no es democrática. Aprenden de una manera totalmente distinta que nosotros, utilizan ambos hemisferios del cerebro y encuentran soluciones a los problemas sin entrar en detalles. Las respuestas les vienen solas y ellos son conscientes de que son las correctas. El camino que escogemos nosotros para conseguir un resultado les es totalmente ajeno.

Los niños intentan contarnos todas estas cosas y llamar nuestra atención de mil maneras. Debido a que no encuentran la manera de alcanzarnos, pueden llegar a la agresión. Esta conducta sí suele conseguir que los adultos se paren y comiencen a prestar atención a lo que está sucediendo y lo que no está funcionado. Podríamos decir que los niños intentan mostrar la impotencia que sienten cuando no nos alcanzan, siendo iracundos o agresivos con nosotros. En estos casos, la agresión es en un grito de socorro que no debemos desoír.

En los últimos años han ocurrido varios crímenes muy graves en los colegios, tanto en Europa como en los EE.UU. Los niños índigo siempre intentarán primero llamar nuestra atención de manera pacífica, pero si esto no funciona, utilizan otros métodos.

Dado que no se involucran emocionalmente demasiado en una situación se les pueden ocurrir cosas inimaginables para nosotros. El cometido de los padres y educadores consiste en escuchar mejor a estos niños *antes* de que escojan métodos violentos.

Los niños índigo se exigen mucho a sí mismos y a los demás. Tienen ideales muy altos y con frecuencia ya no saben qué hacer cuando éstos son continuamente violados. Cuando están decepcionados consigo mismos y con el mundo es fácil que se produzcan reacciones agresivas o depresivas.

Debido a que tienen ideales muy altos, pero no disponen de los recursos o personas que les sirvan de apoyo para llevar a cabo sus cometidos, padecen fácilmente una enorme frustración.

Emociones y sentimientos

La palabra 'emoción' significa literalmente «energía en movimiento». (En inglés: *energy in motion*.) Este concepto, sin embargo, proviene de la palabra latina *movere*, es decir, movimiento. Mientras el sentimiento es la experiencia consciente de una sensación, la emoción nos produce un movimiento interno fuerte. Una emoción es la experiencia de una energía que se mueve a través de nuestro cuerpo provocando reacciones mentales y también corporales.

Las emociones sirven de soporte a todo el abanico de sentimientos. Cuando el corazón está en un estado de apertura y armonía, la persona experimenta con facilidad sentimientos como el amor, el cuidado, la amabilidad o la aceptación. Sentimientos como la confusión, ira, susceptibilidad o envidia aparecen cuando la cabeza y el corazón funcionan por separado. El niño índigo es muy sensible y reconoce el amor gracias a su corazón abierto y muy grande. Pensamientos estrechos y opiniones anticuadas son los responsables de que estos niños dejen de confiar en su inteligencia del corazón. Se vuelven mentales y muestran frustración, ira, susceptibilidad, envidia, etc. Las experiencias emocionales marcan las neuronas y el recuerdo y es allí donde se forman los patrones que configuran su comportamiento.

Las emociones ofrecen la posibilidad de expresar los sentimientos. Si el corazón no está abierto y está poco desarrollado, la mente acaba venciendo. Estudios recientes demuestran que nuestra bioquímica influye en nuestras reacciones emocionales y que nuestras emociones, a su vez, influyen en nuestra bioquímica. Para conseguir cambios emocionales positivos, es esencial que los niños mantengan su corazón abierto y que actúen y vivan desde el corazón. Los nuevos niños todavía tienen la capacidad de sentir su inteligencia del corazón y actuar según ésta.

Es muy importante que hable con sus hijos de sus emociones y sentimientos y que les anime a hacer lo mismo. Asegúreles que es absolutamente normal estar triste, enfadado, irritado o confuso. Todos padecemos en un momento dado estos sentimientos, no existe nadie que esté siempre contento y feliz. Los sentimientos nos avisan cuando no estamos en armonía y con ello nos muestran cómo actuar. Es muy probable que su hijo le entienda mucho mejor de lo que se imagina. Él aprende a expresar también sus sentimientos, hecho que puede resultar útil en situaciones conflictivas y evita malos entendidos. Si el niño está muy enfadado y le grita, acepte su comportamiento y, en lugar de reaccionar irritado, dígale: «Es importante para mí saber lo que sientes. No puedo entenderte del todo cuando me hablas en este tono. Tal vez puedas decirme de otra manera lo que te sucede y qué ha ocurrido para que te enfades tanto.»

La primera ley consiste en aceptar las necesidades del niño y escuchar es uno de los medios más poderosos que tiene a su disposición. Cuando usted mismo se muestre abierto y vulnerable y deje ver que está lejos de ser perfecto, el niño se abrirá y podrá comunicarse con usted. Es entonces cuando el niño podrá aprender a amarle incondicionalmente y a mantener su corazón abierto, pues ya no hay razón para protegerlo. Cuando el niño se sepa comprendido y amado le dirá con frecuencia: «Ya sé que no lo entiendes» o «Eres así, pero a pesar de ello yo te quiero.»

Cuando escucha lo que le cuenta su hijo es importante que esté realmente presente. Olvide todo lo que quería haber hecho, olvide sus pensamientos que traquetean dentro de su cabeza y simplemente escuche. Saber escuchar puede ser su pasaporte al triunfo. Si tiene un hijo al que le cuesta hablar de sus sentimientos y reacciones íntimas, proponga una excursión en la que estará a solas con él durante por lo menos dos horas. Establezca reglas simples y claras como por ejemplo: «No a la música ruidosa», «no a los juegos», «no al 'walkman'» y espere. Cállese y espere. Espere todo el tiempo que necesita su hijo. De puro aburrimiento empezará a hablar. Déjele que hable. No juzgue, no ofrezca consejos, no exprese su opinión. ¡Simplemente escuche y... déjese sorprender!

Sentido del tiempo

Cualquiera que medite, sabe con qué facilidad uno puede transportarse fuera del tiempo y del espacio. Uno empieza a cambiar su concepto del tiempo y de su significado. A la persona que medita, media hora le puede parecer por ejemplo muy corta, y a otro, en la misma situación, ese espacio de tiempo le puede parecer como si fuesen tres horas. Esto quiere decir que el tiempo es relativo y que cuesta describirlo. Cuando uno está esperando en la consulta del médico o en el hospital, el tiempo puede parecer increíblemente largo, pero cuando uno está en una fiesta ese mismo tiempo puede parecer demasiado corto.

El tiempo es una medida fija con la que todos tenemos que manejarnos. Regula nuestra vida, la organiza y le da un ritmo determinado. Estamos encerrados en nuestro tiempo regido por un reloj; encontramos poco tiempo para «ser». Para ser como realmente somos, sin estar presionados por el tiempo, por programaciones y exigencias. Pero cuando una persona crece espiritualmente y adquiere una frecuencia energética más refinada y sutil, su trato con el tiempo se modifica automáticamente. Tal vez se podría explicar esto así: la mayoría de las personas se dejan gobernar por el tiempo, vuelan y corren por la vida, llegan siempre tarde o están estresadas. Alguien que ha evolucionado espiritualmente domina el tiempo o, dicho de otra manera, se convierte en «el dueño de su propio tiempo» sencillamente porque está sintonizado con él.

Para los niños índigo el tiempo no es nada importante pues están ocupados con conceptos e ideas supradimensionales y espirituales y saben que existe algo más allá de nuestra percepción. Viajan a través del tiempo y regresan por él. Más allá de nuestra Tierra y nuestra atmósfera terrestre no existe el tiempo tal como lo conocemos, todo es uno y ocurre al mismo tiempo. Las antiguas enseñanzas místicas dicen que también nosotros vivenciamos todo al mismo tiempo, pero que se «instaló» el factor tiempo en nuestra Tierra para que pudiéramos ver hacia atrás y hacia delante. Es por ello que para nosotros existe el pasado, el presente y el futuro. El nuevo niño no ve un límite entre el ayer y el hoy, vive con frecuencia momentos en los que percibe varias vidas y dimensiones espirituales a la vez sin sentirlo como algo especial. Por regla general se siente a gusto tanto en la dimensión material como en la espiritual e intenta unir ambas. Frecuentemente tiene la habilidad de percibir lo que pasó en el pasado o lo que pasará en el futuro. El tiempo tiene para ese niño un significado completamente distinto que para nosotros. No obstante, está claro que tiene que aprender a vivir con la concepción del tiempo tal como la entendemos nosotros. En su fuero interno le cuesta mucho acostumbrarse a un ritmo establecido, amoldarse a él y comprender nuestro manejo del tiempo.

La mejor manera de ayudar a su hijo a sintonizar con un sentido del tiempo es intentar explicarle lo que significa el tiempo y por qué lo necesitamos en nuestro mundo material y cómo esta organización facilita a la gente citarse o encontrarse, hacer algo en común y regular la vida cotidiana. Quizá sería una buena idea ofrecer al niño, por ejemplo un domingo, un día sin reloj, sin programación, en el que pueda hacer lo que quiera.

Características de niños índigo «sin tiempo»

- ✔ No prestan atención al tiempo; llegan tarde o demasiado temprano o en un momento totalmente distinto.
- ✔ Les cuesta reconocer el funcionamiento del tiempo, no están seguros de la secuencia de los días, meses, letras o sumas matemáticas.
- ✔ Cuando se les pide después de una hora que termine con su videojuego, con frecuencia el niño piensa que sólo ha jugado diez minutos.
- ✔ Ellos sienten el tiempo como si fuese un chicle: piensan que es posible estirarlo en todas las direcciones.
- ✔ Pueden despistarse hasta el punto de no saber en qué día viven o en qué momento del día están.
- ✔ Muchas cosas les parecen demasiado lentas y no entienden que otros no pueden hacer las cosas más deprisa.
- ✔ Viven tan intensamente, experimentan todo con tal ímpetu que su sentido del tiempo parece no existir.
- ✔ Con frecuencia no consiguen ordenar sus cosas a tiempo, planificar u organizar algo con antelación, no encuentran sus cosas, las olvidan y luego vuelven a no encontrarlas.
- ✔ Con frecuencia tienen prisa porque no están sintonizados con la rutina del día a la que no pueden ni quieren adaptarse.

- ✔ Con frecuencia acuerdan más de una cita para el mismo día.
- ✔ Están en las nubes y por ello olvidan el tiempo.

La verdad es que es bastante natural vivir sin dividir el tiempo en horas, minutos y segundos, tal como lo conocemos gracias a nuestros relojes. El ser humano es el único ser en la Tierra que vive con un ritmo de veinticuatro horas y lo hace sólo desde algunos siglos. Anteriormente vivía más libremente, más en contacto con la madre Tierra y el universo. Vivía según el ritmo del sol, de la luna y de la luz. La humanidad no conocía la presión excepto la de terminar su tarea diaria antes de que comenzara a oscurecer. Puede que los niños índigo enseñen a la humanidad a retomar un manejo más natural de su «tiempo», es decir, a vivir en sintonía con la vida tan preciosa.

Niños zurdos, niños de hemisferio derecho

En nuestra sociedad suponemos que las personas zurdas tienen una mayor conexión con el hemisferio cerebral derecho, es decir, que son más intuitivos, receptivos y creativos que personas diestras/personas de hemisferio izquierdo. En principio me niego a agrupar a las personas en diestras y zurdas, pero las observaciones que han realizado los investigadores en personas zurdas convertidas en diestras, describen algunos problemas o temas de los niños índigo con tal exactitud que me gustaría introducirlas en este libro. Seguramente sería muy interesante realizar un test con cientos de niños índigo para determinar qué porcentaje de ellos eran originariamente zurdos o siguen siéndolo. La señora Johanna B. Sattler ha confeccionado en su libro *El zurdo reconvertido* (véase anexo) una lista de sorprendentes características de la personalidad las cuales también son parcialmente aplicables a niños índigo.

Una selección de características de «zurdos reconvertidos»:

- ✔ Una tendencia permanente a la rebelión, un continuo «sí, pero».

- ✔ Olvidar o saltarse secuencias importantes de pensamientos en una conversación o discusión.
- ✔ Marcado pensamiento asociativo.
- ✔ Costumbre de interrumpir al otro, es decir, no permitir al otro que termine lo que está diciendo para no olvidarse de lo que se quería decir.
- ✔ Aferrarse a la primera impresión y a una opinión precipitada.
- ✔ Ergotismo.
- ✔ Falta de diplomacia con respecto a los demás sin que, en la mayoría de los casos, el «zurdo reconvertido» sea consciente de ella.
- ✔ Anhelo de diversión como compensación; no obstante, el «zurdo reconvertido» odia el «hablar por hablar», ya que supone para él más tensión que relajación.

Trastornos del «zurdo reconvertido»

- ✔ Trastornos de concentración.
- ✔ Pensar a saltos.
- ✔ Olvidar un tema una vez analizado.
- ✔ Dificultades con la lectura y ortografía.
- ✔ Trastornos motrices sutiles.
- ✔ Trastornos en el habla.

En esta lista sólo he incluido características y trastornos que también encontramos en los niños índigo. Actualmente ya existen muchos países que permiten que el niño utilice la mano que quiera para escribir o en el juego y el deporte (por ejemplo: tenis o bádminton). Antiguamente se creía que ser zurdo era un mal vaticinio y era considerado como una enfermedad o un fallo en la personalidad, pero actualmente en nuestro mundo occidental ya no se ven las cosas de esta manera. Con todo también es cierto que todavía existen culturas en las que se tacha de impuro a un zurdo.

También puede ser que actualmente existan más niños ambidiestros. Observe a su hijo y si se da cuenta de que es zurdo y usted no sabe cómo manejar la situación, busque ayuda profesional. De la misma manera que el zurdo está siendo aceptado por nuestra sociedad como «normal», al igual que el diestro, también los niños índigo tienen que recorrer un camino hasta que la sociedad les acepte como completamente «normales»

3. Once reglas de oro para criar a un niño índigo feliz

Amor y cariño son los pilares fundamentales sobre los que se sostiene la capacidad de soportar todas las situaciones de estrés, provocación y cambio que un niño índigo experimentará a lo largo de su proceso de crecimiento. Las siguientes once reglas de oro se basan en el cariño y en el amor incondicional.

1. *Comience conscientemente a amar a su hijo desde el primer momento que lo sienta en su vientre.* (Algunas de nosotras tenemos la increíble suerte de percibirlo desde el momento mismo de la concepción.) Hable con él mientras crece en su vientre e invite a su alma a acercarse cada vez más. Cuide su cuerpo con una alimentación nutritiva y sana, apóyele con un poco de ejercicio, con paseos al aire libre y con mucho descanso.

2. *Una vez nacido, dele a su hijo diariamente un pequeño masaje.* Esto mejora su digestión y ayuda al niño a dormir mejor y sentirse realmente cómodo, sano y en armonía consigo mismo y con su entorno. (Existen libros estupendos sobre el masaje infantil.)

3. *Observe a su hijo y escúchele.* Averigüe su ritmo de sueño y de comida, aprenda a reconocer sus reacciones ante el entorno en lo que respecta a los ruidos y otras impresiones. Cuide su interacción con otros niños. Muchos sistemas holísticos de

curación como la medicina ayurvédica, la cromoterapia y otros, ofrecen tipologías que le ayudarán a comprender y apoyar mejor a su hijo.

4. *Enseñe a su hijo a respirar conscientemente.* Con frecuencia dejamos de respirar cuando nos enfrentamos a situaciones que son traumáticas o dolorosas, puesto que al interrumpir la respiración, también interrumpimos la conexión con nuestros sentimientos. Sencillos ejercicios de yoga, o técnicas de respiración pueden enseñarle a su hijo a manejar dichas situaciones con mayor facilidad. El niño se vuelve más ágil y coordina mejor, hecho que le ayudará a ayudarse a sí mismo en situaciones difíciles.

5. *Los niños índigo suelen tener costumbres alimentarias diferentes de comer que nosotros y normalmente saben exactamente lo que necesitan y lo que les sienta bien.* Ocúpese de que tenga alimentos sanos a su alcance, a ser posible de cultivo biológico, pero permítale también comer 'comida basura' cuando lo necesita –habitualmente, el niño sabe explicarle por qué esta comida es en este instante la correcta (su cuerpo sabe cómo metabolizarla debido a su hígado genéticamente diferente). Aprenda a confiar. He visto niños índigo de tres años que querían beber con frecuencia *Coca-Cola* y la madre lo permitía. Estos niños son ahora adolescentes y están sanos y fuertes. El niño índigo probablemente comerá menos, pero con mayor frecuencia (¿Se ha dado cuenta ya de que la nevera parece un 'autoservicio'?)

6. *Aprenda a estar en su centro con la ayuda de la meditación, oración o ejercicios para centrarse.* Un niño índigo le pillará de inmediato cuando usted no esté centrado. Puesto que un niño no necesariamente necesita meditar puede hacer con él ejercicios fáciles y relajantes para que él mismo esté más tranquilo y contento. Música relajante, estar en la naturaleza, tal vez cerca de un río o lago, lejos de toda polución electromagnética son modos idóneos para relajarse. Los aceites esenciales también ayudan al niño a encontrar la armonía y la paz.

7. *¡Escuche!* Un niño índigo sabe lo que hace, lo que quiere y lo que necesita. Escuchar incondicionalmente crea situaciones maravillosas. Generalmente conseguirá lo que quiere sin provocar ni la más mínima resistencia. Escuchar es una gran ayuda.

8. *Pida a su niño índigo que le ayude y le enseñe cuando hay algo que usted no sabe o no entiende.* Trátele como un alma igual (ella es igual sólo que está metida en un cuerpo pequeño) y descubrirá que es una auténtica ayuda.

9. *Conceda a su hijo índigo mucho espacio, pero proporciónele desde el principio (¡desde el día cero!) una estructura clara.* Este niño necesita límites claramente definidos, pero dentro del marco establecido necesita toda la libertad que usted es capaz de concederle. Esto no es fácil y requiere mucho equilibrio emocional y claridad por parte de los padres y de la relación familiar. Busque ayuda profesional si tiene la sensación de que le hace falta. El niño índigo reconocerá de inmediato su desequilibrio emocional y no le facilitará las cosas para nada. Con ayuda profesional también Ud. puede crecer y evolucionar espiritualmente.

10. *Debemos enseñar a nuestros niños 'cómo' pensar pero no 'qué'.* Si solamente les transmitimos conocimiento, les decimos lo que deberían pensar, lo que deberían saber, lo que deberían hacer y aquello, además de hacerle ver que nosotros les enseñamos la verdad. De esta manera el niño no aprende a «pensar». Le podemos ayudar a que él mismo encuentre soluciones, que él mismo aprenda cosas ya sea con la ayuda de los demás o que él sólo busque en su riqueza interior. Si le damos la oportunidad de descubrir su propia verdad, de cometer errores, aprenderá por sí mismo a pensar de manera responsable.

11. *Y para finalizar: no ponga trabas ni condiciones a su amor.* Además, tampoco tiene otra elección. El niño le «educará» todo el tiempo que haga falta, hasta que usted esté dispuesto a aprender lo que significa «incondicional». Y: toque a su

hijo; a un niño índigo le encanta que le toquen ya que gracias a ello siente su cuerpo. Abrácele con frecuencia pues necesita más contacto que otros niños.

4. ¿Dificultades de aprendizaje o talento?

Cada niño tiene su propio talento muy especial. Los niños índigo suelen destacar por comportamientos desacostumbrados para los padres, profesores y educadores. Por un lado parece que no pueden y no quieren aprender. Por el otro lado, cuando uno se sienta con el niño a solas y se revisa el tema a aprender, se descubre que es mucho más listo e inteligente de lo que uno pensaba. Con frecuencia resulta que entienden las cosas más rápidamente que los demás niños. La verdadera dificultad que tienen los niños índigo es que tienen que integrar la información ofrecida en una clase repleta de otros niños, es decir, repleta de energías diferentes. Con frecuencia son alumnos que aprenden mediante el tacto, aprenden con sus manos.

Cuando aún tienen pocos años pueden fingir muchas cosas, ya que son muy listos. Pero más tarde pueden comenzar las verdaderas dificultades. Cuando no reciben un apoyo individualizado empiezan a utilizar sus manos, quieren moverse constantemente y quieren salir de la sala. Las distintas energías que hay en una clase son demasiado fuertes para un niño índigo, y el cambio de una sala a otra también presenta una nueva energía. Y por si esto no fuera suficiente, el niño recibe sus propias imágenes (imágenes mentales o fantasías, que en su cabeza se tienen que convertir en ideas, sentimientos o emociones) que le distraen, dispersan y que no siempre es capaz de ubicar.

Sucede a veces que hay niños que son especialmente malos alumnos, pero en algún momento uno descubre que tienen más talento y son más inteligentes que el resto de los compañeros. No siempre se puede equiparar rendimiento con talento y un niño que no «da la talla» en el colegio no necesariamente tiene que ser tonto. Un niño índigo tampoco es automáticamente más listo o más tonto. Debido a que los niños índigo ahora sólo están empezando a venir en mayor número, no se ha podido investigar si son, por regla general, más inteligentes que los demás niños. Aún estamos haciendo un trabajo de pioneros y muchas cosas se aclararán en los próximos años cuando los niños índigo dejen de ser una minoría y se conviertan en mayoría. Llama la atención que a los niños índigo se les encasilla con frecuencia como tontos, pero también como niños de gran talento y ni los padres ni los colegios saben exactamente qué hacer con ellos.

Los niños inteligentes demandan y exigen más de sus padres (y educadores), que los niños «normales». Los temas «niños índigos» y «talento» aún pertenecen a un campo desconocido para muchos maestros y psicólogos. Es por ello que los padres no siempre encuentran la comprensión necesaria de sus preocupaciones.

En realidad ¿qué es el talento?

1. *La capacidad intelectual en general o inteligencia se caracteriza por:*
   - ✔ capacidad rápida de comprensión;
   - ✔ buena capacidad de aprendizaje;
   - ✔ comprensión del espacio;
   - ✔ alto rendimiento de la memoria;
   - ✔ la capacidad para un rendimiento intelectual especial en muchos ámbitos como ciencias naturales, idiomas o capacidad de pensamiento lógico (por ej. jugar al ajedrez).

1. *El talento artístico* significa tener un talento especial para el dibujo, tocar un instrumento, cantar, actuar, escribir poesías.

2. *La aptitud psicomotriz* juega un importante papel en todos los ámbitos en los que hace falta una agilidad corporal como por ejemplo en el deporte. (Por ej. el baile.) o la mecánica específica. (Por ej. manualidades.)

3. *La aptitud social* supone la capacidad de relacionarse especialmente bien con los demás. (Por ej. sentir empatía, aportar armonía a los demás o ayudarles.)

Los talentos no suelen aparecer de forma aislada sino que en la mayoría de los casos se presentan entremezclados con otras aptitudes. No se puede medir la aptitud intelectual de un niño con instrumentos comunes de medición tal como se mediría la longitud de su cuerpo con un metro, o su peso con una báscula. Ahora bien, cuando varios niños resuelven las mismas tareas intelectuales, es factible que su pueda observar un escalonamiento. Esto es lo que se hace en los tests de Coeficiente Intelectual (CI). (Véase Capítulo 3.5 pág. 119)

Una aptitud innata de un rendimiento especial no significa para nada que este rendimiento también se traduzca en una realidad expresada. Junto a un talento para realizar tareas determinadas, la creatividad también tiene su significado. Para que un talento y la creatividad se puedan desarrollar, tienen que estar presentes otros factores como por ejemplo la motivación y unas condiciones idóneas del entorno.

Creatividad

La creatividad es la capacidad, de unir las ideas, la información y las cosas de manera desacostumbrada y nueva. Actuaciones creativas muestran varias características típicas:

1. *Pensamiento divergente:* Una manera de pensar que tiene en cuentas diversas direcciones y no se conforma con la solución más obvia de un problema sino que busca soluciones insólitas.

2. *Originalidad:* Las ideas excepcionales que demuestran algo que no es nada común ni cotidiano. La fantasía de la persona creativa traspasa con frecuencia los límites de lo conocido hasta ahora y conduce a campos nuevos y desconocidos.

3. *Flexibilidad:* La agilidad mental que tiene como resultado que alguien sea capaz de modificar rápidamente su pensamiento y ver un problema desde diversas perspectivas a la vez.

Motivación

Alguien dijo en una ocasión que «a los niños no hace falta motivarles para que aprendan, ya que ellos mismos son curiosos cuando se les deja actuar.» La motivación se puede describir como el interés y la perseverancia del niño, factores que deciden cuánta fuerza y cuánto tiempo invierte en una tarea. La motivación es influida continuamente por parte de los padres, educadores, maestros, amigos, preceptores, etc. para que un niño pueda desarrollar sus aptitudes. Las expectativas de los padres y del colegio deberían corresponderse con las capacidades del niño. Los rendimientos son sobre todo productos de las exigencias de aquellos. Puesto que la materia normal de estudios y la manera actual de estructurar el aprendizaje suele exigir poco, incluso aburrir a los niños índigo (y con ello, por supuesto, estresarles), depende de si padres, profesores y educadores refuerzan o no la curiosidad del niño.

A veces son precisamente las conductas llamativas las que demuestran que un niño no es tonto, sino todo lo contrario, que es un niño con talento. Por ejemplo: un niño es capaz de resolver rápidamente un problema difícil y sin embargo mostrarse torpe con tareas fáciles. Todo lo que huele a rutina no supone ningún reto y no consigue fascinar al niño. Un niño que siente que no se le exige suficiente, con frecuencia interrumpe la clase y exige además mucha atención. Por otra parte, el niño puede encontrarse con muchas dificultades si no se le exige y si no se equilibran las carencias del ambiente familiar. Un niño pequeño puede destacar, por ejemplo, por su gran número de ideas y su vivacidad. No obstante, en los tests queda por debajo de la media y una vez en el colegio, se pega con los compañeros, tiene ataques de histeria y se niega totalmente a aprender. Puede ocurrir que una vez terminado el primer año escolar ni siquiera sea capaz de leer. Pero si en casa le aparece el interés por la lectura puede aprenderlo él solo en un mínimo de tiempo, aunque no se lo contará al profesor. Tal vez, incluso, siga rechazando leer en clase. Un niño de estas características acabará al final en un colegio especial para niños con problemas de aprendizaje, cuando en realidad el problema original no era otro que la materia escolar que era demasiado simple. Suele suceder que un niño así puede aprender en minutos aquello para lo que sus compañeros necesitan horas y suele mostrar en un test CI una inteligencia superior a la media. Lo cierto es que niños con talentos suelen ser niños incómodos y necesitan más atención que los demás.

5. El test de coeficiente intelectual (CI)

Un talento intelectual común (abreviado: Inteligencia) no se puede medir con ningún instrumento. Lo que sí se puede observar son los escalonamientos relativos cuando se pide a varias personas que resuelvan la misma tarea. Existen muchos tests en el mundo entero, cada país tiene su propia manera de evaluación y desafortunadamente es imposible sacar conclusiones como por ejemplo: «Las personas de hoy en día son más inteligentes que las de hace cinco años» o «actualmente existen más niños talentosos que hace diez años». Sin embargo, sí es posible expresar el resultado de semejantes tests en números y ver su correspondencia con el rendimiento medio de personas de la misma edad; de esta manera se establece el coeficiente intelectual (abreviado CI), un valor totalmente relativo.

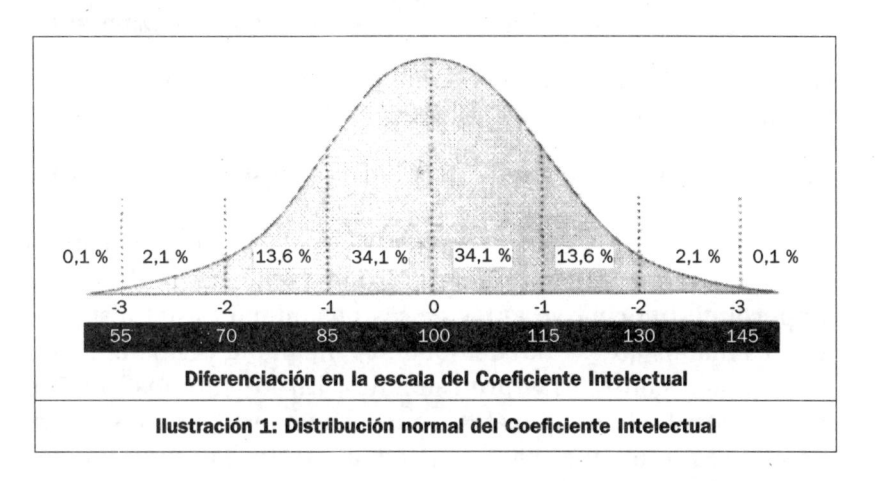

0,1 %	2,1 %	13,6 %	34,1 %	34,1 %	13,6 %	2,1 %	0,1 %
-3	-2	-1	0	-1	-2	-3	
55	70	85	100	115	130	145	

Diferenciación en la escala del Coeficiente Intelectual

Ilustración 1: Distribución normal del Coeficiente Intelectual

Ilustración reproducida del folleto Encontrar y apoyar a niños con talento. Una guía para padres y profesores, *editado por el Ministerio de Educación e Investigación de Alemania* (www.bmbf.de)

Según este gráfico, aquellos niños que son más inteligentes que la media de otros grupos de la misma edad tienen un CI superior a 100 y los niños con retraso en el desarrollo tienen un CI inferior a 100. Se testa siempre el mismo grupo y la relativa frecuencia del coeficiente intelectual de un grupo puede ser expresada en un gráfico. Así se establece una distribución normal en forma de campana en la cual el valor medio es 100 y la diferencia estándar es de 15 hacia ambos lados. (Véase gráfico.) Es decir, un 68% o dos tercios del grupo se encuentran en el ámbito de 100 más/ menos 15 (85-115). Un 95% tiene un coeficiente intelectual entre 70-130. Los demás se encuentran por encima o por debajo.

Desde hace 90 años se utilizan estos tests, bastante polémicos por cierto, que miden el coeficiente intelectual. Miden sólo una parte de las aptitudes intelectuales y que, a su vez, sólo representa una parte de todo el ámbito de talentos. Según mi opinión se deberían tener en cuenta algunas circunstancias determinanates a la hora de interpretar de los resultados del test:

1. ¿Cómo se encuentra el niño el día del test?

2. ¿Cómo interactúa el niño con la persona que realiza el test?

3. ¿Qué expectativas tiene el niño (y su madre/padre) con respecto al examen?

4. ¿Qué cosas dependen del resultado del test?

La dirección del colegio suele pedir que los padres permitan un test cuando el niño muestra una conducta molesta. Es importante informarse antes de las posibilidades del test y de los resultados que se pueden obtener mediante el mismo. Para ello existen consejerías profesionales. En los últimos años se han desarrollado muchos tests nuevos que proponen las tareas de manera individual para cada edad, mostrando muy buenos resultados.

6. Aprendizaje alternativo

Escuelas Montessori y Waldorf

Un niño suele aprender mejor si está activo y se le permite pensar por sí mismo.
JEAN PIAGET

Las escuelas capaces de atender las necesidades individuales suelen ser mucho más adecuadas para los niños índigo que las escuelas estándar. Sin embargo, no es fácil contestar a la pregunta ¿Qué tipo de colegio de nuestro sistema occidental de aprendizaje es el mejor para el niño índigo? Mucho depende del profesorado en cuestión, del director del colegio y de la manera en la que el niño índigo percibe el colegio. Una generalización no tiene cabida aquí. Para un niño índigo sería decisivo tener acceso a una forma de aprendizaje confeccionada para él. La mejor elección sería seguramente un colegio que modifica su sistema, que entrena a su profesorado para tratar con niños índigo y que prepara nuevos métodos de enseñanza.

Parece obvio que ha llegado el momento de tener a los niños en cuenta a la hora de confeccionar el método de formación. Lo ideal sería que el niño pudiera elegir a qué colegio quiere ir. Si pudiese elegir, junto a sus padres, dónde estaría más a gusto, dónde tiene la sensación de poder aprender y dónde encontraría el apoyo necesario. Hay muchísimos niños que se niegan cada día a ir al colegio. En Berlín (¿tal vez también en otras ciudades alemanas?) existe desde algún tiempo un departamento especial de policía que «peina» las calles en busca de jóvenes que no han ido a clase. Cuando los encuentran, el propio policía los lleva al colegio. Si se escuchan los comentarios de los niños con respecto al por qué no han ido, la mayoría opina que la enseñanza es estúpida y que no pueden seguir soportando las tonterías que dicen los profesores.

¡Nos vendría bien recordar lo que nosotros pensábamos en nuestra época! Pero la situación actual es mucho peor que entonces. Algo está totalmente desequilibrado. ¿Es posible que aquí choquen dos mundos? Nuestros hijos se niegan a que las viejas reglas y la ideología del «hay que...» les obliguen a hacer lo que nosotros queremos que hagan. Odian el comportamiento autoritario y los pensamientos poco democráticos. Antes de que toda nuestra juventud se niegue a ir al colegio, parece sensato que nosotros nos acoplemos a los nuevos niños ya que, al fin y al cabo, es el deseo de todos nosotros que crezca una generación que sepa por qué y para qué vive. Una generación que convierta sus sueños en realidad y que tenga ganas de vivir la vida.

Alguien dijo en alguna parte: «Observe los niños de un país y sabrá qué le pasa a ese país en concreto.» Se habla mucho de la violencia y agresión que hay en los colegios. También se habla de la falta de atención, estupidez, talentos e hiperreación de los niños. Parece que en las épocas pasadas había más niños de la misma edad que estaban en el mismo nivel de aprendizaje e inteligencia. Los niños de hoy en día parecen muy dispares. Exigen de la dirección del colegio clases diferentes, ya que de otra manera ninguno de los grupos puede terminar con la materia escolar. Es terrible ver cuántos niños «callejeros» existen tanto en Alemania como en otros países de Europa: se calcula que sólo en Berlín hay de tres a cinco mil niños.

Independientemente del color del aura que tengan estos niños, ya sea índigo o no, nos muestran el abismo que se ha abierto entre las generaciones. Pienso que deberíamos darnos prisa en decidir hacia dónde queremos ir. ¿Seguimos nuestro camino como hasta ahora o reconocemos los cambios universales y empezamos a adaptarnos a ellos?

En nuestro mundo existen sistemas de aprendizaje que utilizan otros métodos como por ejemplo las escuelas Montessori, Waldorf, Freinet y otros. A continuación encontrará una somera descripción de las dos primeras:

Escuelas Montessori

El sistema originario de las escuelas Montessori, basado en la filosofía de la Dra. María Montessori, parece como hecho a medida para los niños índigo. Es un sistema muy estructurado pero al mismo tiempo muestra una gran flexibilidad en su organización. Los profesores y demás personal reciben a lo largo de varios años una especial formación Montessori. En EE.UU. ya existen escuelas Montessori que se han dado cuenta del «problema» de los niños índigo y han comenzado a formar al profesorado para acompañar y enseñar a estos niños.

El principio más importante de la escuela Montessori es una «pedagogía de actuación» al igual que en todas las ramas de la pedagogía humanística. En la escuela Montessori, el niño dispone de mucho espacio para determinar lo que quiere hacer a lo largo del día. Aprende jugando cómo hacer las cosas por sí solo. El profesor es un auténtico acompañante del niño, es él el que propone los nuevos temas, cuida a los niños durante su trabajo dentro de un grupo y evita criticarles. Un niño puede elegir qué tema quiere trabajar.

En esta escuela, el niño aprende a escribir, aprende matemáticas, etc. con cosas móviles como si todo fuera un juego. La educación artística ocupa un gran espacio en el temario de aprendizaje. Además, aprende cosas prácticas como por ejemplo preparar una comida, ordenar su ropa, limpiar y otros quehaceres cotidianos. Aprende a desarrollar sus sentidos como por ejemplo sentir con las manos los más diversos objetos o telas. Aprende a desarrollar su propio sentido de la creatividad, a trabajar según su propio ritmo y a confiar en sí mismo.

Una de las metas importantes de aprendizaje es que los niños aprendan además del material escolar normal, quiénes son, qué les gusta y qué les disgusta, lo que aprecian y lo que no y cuales son sus opiniones.

En estos momentos la única dificultad que presenta el sistema Montessori es el paso a la vida «normal» una vez terminado el colegio. Es ahora cuando choca lo nuevo con lo viejo y a los niños les cuesta adecuarse a nuestra sociedad materialista y ávida de rendimiento. Pero ¿quién sabe cómo será todo esto dentro de diez o quince años, cuando los niños índigo ya representarán un importante número de adultos?

Escuelas Waldorf

La escuela Waldorf experimenta una expansión continuada desde que Rudolf Steiner (1861-1925) fundó el primer colegio en 1919 en Stuttgart. La escuela Waldorf es una «escuela de padres». Estas escuelas necesitan que los padres les apoyen material e ideológicamente. La antroposofía, como ciencia de la naturaleza humana que entiende al cuerpo físico, al alma y a la mente como un todo, sirve de base para la pedagogía Waldorf. El concepto de 'educación', orientado según los pasos de desarrollo del niño, es un arte educativo que pretende que los jóvenes se encuentren a sí mismos. El ambiente educativo que se dirige de forma holística a las personas que aún están en fase de crecimiento y que toma en serio las habilidades y debilidades individuales, favorece el desarrollo de una personalidad autónoma. En este sistema se entienden las fases de parvulario y colegio como un capítulo importante en la vida y no sólo como una preparación para la vida cotidiana. Su meta consiste en que los niños maduren a lo largo de los años mediante importantes capacidades básicas como puede ser una actuación decidida, llena de imaginación y responsabilidad, una percepción despierta, una manera clara de pensamiento, una evaluación propia de las situaciones y un sentir vivo.

Los niños pasan por un proceso de formación uniforme en el que el programa de aprendizaje en el colegio no representa la autoridad sino que la figura central es la personalidad del profesor. (El profesor o la profesora acompañan a la misma clase a lo largo de los ocho años que dura la formación.) Cada tema es tratado durante un período bastante amplio para que los niños aprendan a entenderlo de manera holística y no sólo con la mente. A partir de la escuela superior (9-12/13 años escolares), el alumno se orienta según la materia especializada y sus ideas subyacentes y no como solía ser la norma, según el profesorado con su autoridad personal. Antes de ofrecer explicaciones y elaborar modelos para la comprensión, los alumnos tienen que aprender a acercarse a su tarea desde la observación y descripción.

El desarrollo del individuo ocupa un lugar determinante en la pedagogía Waldorf y, además de ofrecer material que exige una capacidad cognitiva,* se brinda la posibilidad de un acercamiento a la música, al arte, a la artesanía, al canto y a las manualidades, entre otros. Al finalizar el período escolar, el alumno presenta un proyecto individual y después se facilita la participación en los exámenes reconocidos por el Estado.

Eutonía

El trabajo eutónico ha encontrado su lugar en las escuelas belgas. La eutonía fomenta la autoestima de los niños mediante un proceso dinámico de experiencias corporales que hace que tomen consciencia de las diversas zonas corporales. El resultado es que los niños toman consciencia de su expresión corporal y postura. Gracias a este proceso de integración aprenden que sus vivencias emocionales y sus bloqueos impregnan su consciencia y por tanto pueden elaborarse una nueva confianza en sus propios sentimientos. De esta manera, el niño se experimenta como parte de un todo y siente su entorno conscientemente, experimentándolo como vivo pero al mismo tiempo tranquilo y seguro. La eutonía abre a los niños un mundo que les permite comunicarse mejor.

Siendo muy joven, la fundadora de la eutonía, Gerda Alexander, estuvo atada a una silla de ruedas. En aquella época comenzó a investigar su cuerpo, a sentirlo y, sobre todo, a vivirlo. Gracias a su propio método se recuperó completamente. La eutonía (eu– es griego y significa: recto, bien, armónico; y la palabra «tonos», también griega, significa tensión) también se interpreta como manera occidental de vivenciar la unidad corporal del ser humano, de sentir conscientemente el cuerpo, desde dentro, desde fuera y en contacto con su entorno. Estamos acostumbrados a no hacerle demasiado caso a nuestro cuerpo y normalmente sólo lo sentimos cuando nos duele. La eutonía nos enseña nuestra independencia del mundo exterior y la confiada entrega a nosotros mismos.

Gracias al trabajo con los ejercicios específicos de la eutonía, el niño aprende a colaborar con su situación y sentirse parte de

* Basarse en el conocimiento adquirido por la mente.

ella. El trabajo con el propio cuerpo aporta bienestar y seguridad personal. El niño se vuelve más seguro de sí mismo, se siente mejor, más tranquilo y más consciente. Le es más fácil concentrarse en sus tareas y deberes y experimenta el mundo externo desde su propio centro. Los sencillos movimientos eutónicos irradian belleza, nacen en el interior. Con el tiempo, el niño se experimenta en el «aquí» y en el «ahora» y puede investigar y experimentar libremente tanto sus capacidades mentales como corporales. La vida es entendida como una unidad desde la que todo se vuelve más sencillo y que conduce a su máxima expresión.

El fin del trabajo eutónico

- Vivenciar el espacio interno del cuerpo.
- Sentir la piel como una envoltura viva.
- Tomar consciencia de los huesos y del esqueleto para descubrir la fuerza interna.
- Sentir el cuerpo de manera consciente y darse cuenta de su manera de expresarse.
- Recuperar gracias al tono, la respiración, la postura, el movimiento y el equilibrio psíquico trastornado.
- Aprender a reconocer cómo cualquier trabajo, ya sea «positivo» o «negativo», tiene una influencia sobre el conjunto de la personalidad.
- Experimentar que el cuerpo, la mente y el alma forman una unidad.

Que yo sepa todavía no existen experiencias de trabajo con ejercicios eutónicos con niños índigo, niños hiperactivos o niños con síndromes de déficit; creo que investigar esta interacción podría ser muy interesante, ya que pienso que la eutonía podría ser un apoyo importante para los nuevos niños.

Menor número de alumnos y profesorado especializado

En muchos colegios de los EE.UU. ya existen clases que sólo acogen a ocho o diez alumnos y no como aquí donde el promedio es de veintisiete niños. Esta situación sería absolutamente ideal para los niños índigo, ya que los profesores tendrían tiempo de ocuparse de los niños individualmente.

También existen escuelas en las que el profesor principal tiene dos asistentes. De este modo se puede reunir a los niños en pequeños grupos y resulta más fácil prestarles la atención necesaria. Además, existen clases especiales para niños que muestran una mala conducta en el colegio. (Niños con el síndrome de hiperactividad y otras características similares pueden recibir una mejor atención.) Se exige que los padres firmen una autorización para que su hijo vaya a una clase de HMC (Handicap de Mala Conducta). Algunos colegios norteamericanos ya se han adecuado a la situación de los nuevos niños y han introducido un nuevo sistema didáctico: encomiendan a un profesor especializado en HMC que visite dos veces al día a cada clase para comentar con los niños y profesores los problemas que puedan haber surgido a lo largo del día y para elaborar conjuntamente estrategias para su solución. De esta manera el profesor se siente apoyado y los niños saben que dos veces al día aparece alguien que escucha y que se ocupa de sus problemas. Pienso que esto puede ser una solución interesante y factible para nuestros colegios europeos.

Ejercicios de yoga en el colegio

Actualmente existen algunos colegios que ofrecen clases de yoga. Los niños aprenden sencillos ejercicios de yoga dentro de un grupo. Estos ejercicios de estiramiento y refuerzo aportan a los niños una sensación de lo que pasa dentro de su cuerpo y lo que sucede fuera. El niño desarrolla al mismo tiempo una mayor capacidad de concentración y atención, aumenta su autoestima y siente una mayor seguridad en sí mismo, hechos que, a su vez, mejoran la armonía entre el cuerpo y la mente. El niño se convierte en una personalidad equilibrada y centrada.

El yoga es ideal para reforzar los músculos y mantener la agilidad de las articulaciones y anima a los niños a tener una buena postura corporal. Incluso niños tímidos y poco deportivos aprenden a expresar sus sentimientos y dejar que su fantasía fluya gracias al yoga.

Braingym o gimnasia para el cerebro

Bajo el concepto «gimnasia para el cerebro» (en inglés: *Brain Gym*) se entienden sencillos ejercicios y movimientos que fueron desarrollados especialmente para mejorar la capacidad de aprendizaje y concentración de los niños. Por ejemplo: se tiran de las orejas, friccionan su pecho, dibujan figuras con el ocho «tumbado» (símbolo del infinito), golpean suavemente con su mano izquierda a la pierna derecha y al revés; con ello aprenden a concentrarse y centrarse mejor. Estos ejercicios y técnicas de coordinación ejercen un efecto muy positivo sobre los niños. En la Oakley Elementary School (EE.UU.) se practican estos ejercicios dos veces al día: una vez por la mañana y otra por la tarde durante quince minutos. Los resultados que ofrecen estos ejercicios son mucho más positivos que lo logrado con otros métodos.

El Doctor Paul Dennison desarrolló este método holístico basándose en la pedagogía curativa, la kinesiología aplicada y la moderna investigación del cerebro. El fin era garantizar un aprendizaje, un desarrollo equilibrado y alegría. En las escuelas norteamericanas se tiene la experiencia que los niños hiperactivos se benefician enormemente con estos ejercicios. Se vuelven más tranquilos, relajados, y no causan tantas dificultades durante la clase. Esta «gimnasia para el cerebro» ha demostrado ser una alternativa interesante al medicamento Ritalina.

La gimnasia para el cerebro se describe de la siguiente manera: «*Es un sistema de movimientos y ejercicios sencillos que tiene como resultado la reducción del estrés causado por el aprendizaje y por las situaciones nuevas, y el aumento de las funciones cere-*

brales de tal manera que la integración sea factible.» Se trata de conectar los dos hemisferios cerebrales para que trabajen al unísono y para evitar que domine uno de ellos y lleve la «voz cantante». A los niños índigo les encanta trabajar con ambos hemisferios y por tanto se encuentran aquí en su «salsa».

¡En Taiwan enseñan los niños!

Un amigo europeo que vivió durante seis meses en Taiwan, me contó que allí existen desde hace muchos años escuelas que permiten que los niños sean los que enseñen. Al principio de la clase, el profesor intenta transmitir durante cinco minutos la materia a estudiar y luego encomienda el resto del tiempo a los niños. Durante mis investigaciones encontré el siguiente artículo de Thom Hartmann:

«Taiwan es la sociedad que más se mueve con respecto al Síndrome de Déficit de Atención (SDA) que he visto en mi vida. O es un paraíso-SDA o un infierno-SDA, aún no sé cuál de los dos es, pero me parecía absolutamente increíble. Taipee es una ciudad que parece un manicomio... parece que en los EE.UU. y en Australia estamos intentando aprender qué hacer con el SDA. Taiwan muestra los mayores éxitos de aprendizaje en el campo de las matemáticas y ciencias en el mundo entero, siendo aquí el problema con el SDA es tan acusado (y probablemente más) que en nuestro país. ¿Qué pasa aquí?

El periódico Independent of London *envió a un periodista a Taiwan para escribir un reportaje sobre este tema y me llamó la atención. Reproduzco aquí el artículo en cuestión:*

Seres humanos obsesionados con el aprendizaje (Taiwan)

Ellos dicen que cuando en Taiwan un profesor entra en el aula, hay alumnos que todavía están ocupados con las tareas de la clase anterior, pero en cuestión de 45 segundos prestan atención, miran la pizarra y comienzan a trabajar. El profesor, tal vez, explica un elemento de la aritmética. Todo va muy deprisa e incluso poco entendible, con muchas preguntas y respuestas que cruzan la clase. Los niños participan totalmente, salen a la pizarra, dan sus respuestas, las escriben y a veces están seis o siete niños de una clase de más de cuarenta alumnos en pie.

El principio del sistema escolar en Taiwan se basa en que el trabajo del profesor consiste en exponer su materia de información en los primeros cinco minutos de la clase. Seguro que usted recordará que en su época no existía ninguna materia que no se hubiera podido explicar en cinco minutos. El profesor aprovecha los primeros cinco minutos de la clase y dice: «Aquí está la información» y luego encomienda el aprendizaje a los alumnos. «¿Quién de vosotros lo ha entendido bien? Tú? ¿Quién no lo ha entendido; tú no lo has entendido? ¡De acuerdo, tú se lo enseñas a él y tú se lo enseñas a ella...!»

Los niños se enseñan los unos a los otros. Aquellos niños que son más adelantados no se aburren, ya que ejercen de profesor. Aquellos niños que necesitan más tiempo no se aburren porque trabajan con compañeros de clase que son más rápidos. El profesor mantiene una actitud abierta, se mueve entre los niños, ayuda, aconseja y no pierde el tiempo intentando que los alumnos se estén quietos y que haya orden. Ellos no tienen problemas con SDA y tampoco hay niños que tienen que tomar medicamentos. Lo que sí tienen es un sistema educativo que funciona: el sistema educativo oficial de Taiwan. Es una idea radical, pero que ofrece una buena solución.

Este mismo sistema existía hace unos cientos de años en los EE.UU. En los colegios de entonces se aprendía de esta manera. Véase los libros de texto del siglo XVIII. En ellos se dice claramente que la tarea del profesor no consiste en enseñar a los niños. Su deber es proponer todo el material didáctico necesario para que los niños puedan enseñarse entre ellos. ¡Los niños están totalmente integrados en este proceso...!

capítulo cuatro

◈ ◈ ◈

La salud índigo

1. La salud de los niños índigo

Debido a que hace tan sólo diez años que están los niños índigo en un mayor número en la Tierra, aún no se puede decir nada en concreto con respecto a su salud. Lo normal es que la mayoría de ellos vengan a este mundo con una salud estupenda. A lo largo de su infancia suelen padecer las típicas enfermedades infantiles y sólo más tarde puede que desarrollen alguna que otra enfermedad. También es cierto que se ha comprobado que los nuevos niños tienen una mayor tendencia a padecer enfermedades colectivas como asma, alergias de diversos tipos o problemas otorrinolaringológicos, pero hasta qué punto esto corresponde específicamente a los niños índigo no se puede afirmar con seguridad, ya que hasta la fecha no existen estudios al respecto. Lo único que se ha podido determinar es que la hiperactividad, la legastenia y el Díndrome de Déficit de Atención aparecen con frecuencia, síntomas que prefiero intencionadamente no denominar enfermedad. Parece que los niños índigo suelen elegir con frecuencia «enfermedades» o síntomas que no se pueden obviar. Con ello obligan a los padres y a su entorno a prestar atención, a actuar y a asumir la responsabilidad inherente a esta situación.

Los niños índigo vienen con una frecuencia energética superior* que las generaciones anteriores. A partir de lo que yo sé con respecto a estos niños, mi propia experiencia y la variada información que he recopilado en el mundo entero, poco a poco me estoy planteando cada vez con más fuerza las siguientes sospechas: ¿Es factible que los niños índigo transmitan inconscientemente su energía superior y más afinada a los adultos de su entorno? ¿Podría ser ésta la causa de que se sientan constantemente «quemados» y agotados? ¿Podría ser que, mientras vivan todavía en casa junto con los padres, tengan tanta energía que los propios padres y demás miembros de la familia estén totalmente agotados por la noche? Pero cuando se van haciendo mayores, van al colegio y participan en otras actividades y comienzan a perder energía y están siempre cansados y extenuados.

Energéticamente se podría explicar este fenómeno de la siguiente manera: cuando una persona con una frecuencia energética superior se junta con otras personas cuyas frecuencias energéticas son más bajas pueden ocurrir dos cosas:

1. La persona que tiene una frecuencia inferior «chupa» la energía de aquella cuya frecuencia energética es superior. El primero se siente por fin en plena forma y el segundo tiene la sensación que se le ha robado energía y puede llegar a decir: «Él/ella me ha "chupado" la energía» o «Él/ella me está costando todas mis fuerzas».

2. Cuando una persona es consciente de su frecuencia energética, puede permitir con toda la calma que otros se aprovechen de su nivel superior de energía, ya que sabe que ésta procede de la fuente divina y que no se agota nunca. Simplemente mantiene su frecuencia y la comparte con otros sin debilitarse. La otra persona, la que tiene una frecuencia energética inferior, se siente mejor en esta situación, se siente como si hubiera «cargado sus pilas».

---

* Véase el glosario final.

Existen muchos indicios de que aquellos niños índigo que sufren de un trastorno de déficit de atención combinado con hiperactividad, tienen una «polaridad invertida» crónica (también conocido bajo las siglas CRP=*Chronic Reversed Polarity*), es decir, están dando constantemente energía. Esto también podría ser una de las causas por la cual estos niños son más propensos a contraer enfermedades. Estos niños suelen ser bastante resistentes a cualquier terapia mientras están «del revés». Aquellos niños que ya desde su nacimiento han ido dando constantemente su energía a los padres y a su entorno pueden llegar a padecer un estado de estrés crónico.

Keith Smith, un iridiólogo* y herborista de California, se ha especializado en su consulta en la problemática de una polaridad invertida y dice en el libro *Los niños índigo* de Lee Carroll y Jan Tober: «*El estado de polaridad invertida debilita la 'energía eléctrica' del cuerpo. Una de las causas principales es el estrés prolongado. A medida que se debilita la carga eléctrica del cuerpo, aparecen síntomas como dolores de espalda, músculos tensos o dolores de cabeza como señales de advertencia. Si la carga física desciende por debajo de los cuarenta y dos hercios, el sistema inmunológico** no es capaz de defenderse ante las enfermedades. Lo importante es que la persona recargue su carga eléctrica una y otra vez tal como lo conocemos de las baterías. Si no se hace caso a los síntomas pueden aparecer enfermedades como fatiga crónica, depresión, miedos, migrañas, sordera, problemas del tejido conectivo o dolores crónicos en alguna zona ya de por sí débil. El sistema normal de autorregulación del cuerpo deja de funcionar. Las señales eléctricas habituales que son enviadas al sistema inmunológico parecen destruir, en lugar de proteger.*» Smith se plantea la siguiente pregunta: «*¿Es posible que invertir nuestra carga eléctrica en las zonas vulnerables del cuerpo nos advierta que en realidad deberíamos buscar un entorno más tranquilo tal como nos lo proporcionaría una cama de hospital o quedarnos en casa?*»

---

* Iridiología, diagnóstico a través del iris.
** Véase el glosario final.

Es importante que usted explique a su hijo la circunstancia energética que provoca su sensación de estar «quemado» y le enseñe a hacer ejercicios que «cargan las pilas». (Véase capítulo 8) Debido a que no es fácil reconocer una polaridad invertida, en todo caso debería buscar el consejo de un profesional.

Basándonos en la experiencia terapéutica y en los comentarios de los padres, podemos saber que los niños índigo son más propensos a contraer las siguientes «enfermedades» o a sentirse enfermos:

- Polaridad invertida crónica (CRP–*Chronic Reversed Polarity*).
- Problemas de oídos y garganta, catarros y gripes frecuentes.
- Alergias.
- SDA y SDAH (averiguar mediante test).
- Asma y bronquitis.
- Depresiones.
- Dolores crónicos en zonas cambiantes.
- Fatiga crónica y poca estabilidad de rendimiento.
- Frecuentes dolores de cabeza.

En un sentido más amplio, se puede afirmar que los niños índigo tienen una salud y vitalidad normal. Podría ser que ellos, debido a su alta frecuencia, vivan y expresen las enfermedades de otra manera. Según mi opinión utilizan una gripe o un catarro para recuperar el equilibrio interno y poder descansar tanto a nivel físico como psíquico.

Por regla general se puede decir que el niño índigo necesita dormir poco, en la mayoría de los casos el tiempo justo para regenerar el cuerpo físico. Lo que sí puede suponer una carga y un factor de enfermedad es la sensación de ser diferente o de no ser aceptado. El niño índigo percibe la vida de otra manera y esta percepción no le facilita las cosas. En realidad, él ve absolutamente todo de manera diferente que nosotros. Lo llamamos "trastorno de percepción" pues no se corresponde con nuestra visión de las cosas y por regla general tampoco lo comprendemos. Si no prestamos atención al niño y a sus percepciones lo sentimos como un trastorno. Podríamos decir que debido a nuestro comportamiento casi «obligamos» al niño a tener dicho trastorno. Por desgracia éste marca al niño de manera duradera e influye en su desarrollo global.

¿Qué es en realidad la percepción? La percepción es un acontecimiento de la interacción entre las personas individuales y su entorno para producir información y significado. La percepción se produce gracias a los sentidos (vista, oído, gusto, olfato y tacto). Si la colaboración entre los sentidos no es óptima (tal como nosotros la interpretamos como «normal»), puede aparecer un trastorno en la interacción entre las personas y su entorno. Las consecuencias se suelen manifestar en las conductas sociales, los trastornos de aprendizaje, en una conducta motriz inadecuada y una tendencia física a enfermar.

Se dice que la percepción de algunos niños índigo está trastornada ¿pero es esto realmente cierto? ¿No será que los nuevos niños están más evolucionados que nosotros? ¿Que su percepción no está limitada como la nuestra? Se mueven con agilidad en las diferentes dimensiones energéticas y perciben principios mentales holísticos de manera más rápida y mejor que nosotros. Si les rechazamos continuamente, les despreciamos como «chalados» e incluso nos mofamos de ellos, se retiran a sus fueros internos y a la larga enferman.

Resulta interesante que la cromoterapia enseña que el color índigo se corresponde con la característica «percepción». El color índigo que corresponde al tercer ojo,* también indica que gracias a la apertura del ojo interno, se hace factible una visión espiritual de las cosas. Esta es la visión que traen los niños índigo consigo. Para ellos todo es uno, sienten que ellos son perfectos tal como son, sienten que son seres divinos y con frecuencia no entienden la manera habitual de ver las cosas como separadas las unas de las otras. Si debido a un continuo gruñir, juzgar,

* Véase el glosario final.

rectificar, castigar y la «no aceptación» se les separa de su núcleo interno, enferman. Sufren físicamente, emocionalmente o su alma se atormenta. Nuestra tarea consiste en animarles a que cuiden y sigan desarrollando esta visión holística y su innato sentido de percepción.

Cuando los niños saben que se van a encontrar con el rechazo inventarán mil y una excusas para evitarlo. Dirán por ejemplo: «Mamá, me duele la tripa muchíííísimo», «no puedo moverme porque me duele tanto la rodilla», o «me duele la cabeza», «me duele el estómago y, de verdad, estando así no puedo ir al colegio (o cualquier otro sitio)». Se inventan dolores –que luego sienten de veras a nivel físico– para evitar situaciones de rechazo.

Por desgracia y según mi opinión, se presta demasiada poca atención a la interacción de los cuerpos «inferiores» (los cuerpos físicos, emocionales y etéricos) y, debido a la falta de conocimiento, se menosprecian, en la mayoría de los casos, las correspondencias sutiles. Si un niño se siente permanentemente mal, rechazado, no reconocido ni amado aparecen trastornos en los diferentes cuerpos. Estos trastornos se expresan finalmente en el cuerpo más denso que es el cuerpo físico. Podríamos decir que la enfermedad es una especie de grito de alarma del cuerpo físico indicando que hay algo que no está funcionando debidamente. En estos casos sería conveniente que un terapeuta o médico se ocupara del niño. Sin embargo, el terapeuta nunca puede ser substituido con medicamentos. El niño necesita una persona de referencia que le escuche incondicionalmente y que le pueda guiar desde una perspectiva superior. Es muy importante para el niño índigo que su alma sea invitada claramente a su vida para que se mantenga en contacto con ella. Si sucede esto, su vida será más fácil y se podrá realizar también más fácilmente a sí mismo. Con ello se podrían evitar muchas enfermedades y situaciones desagradables.

2. La alimentación

Los nuevos niños muestran hábitos totalmente nuevos con respecto a la comida y muchos se quejan constantemente. Hay muchas cosas que no les gustan y tener que comer regularmente les parece un auténtico martirio. De esta manera, la nevera se ha convertido en muchas familias en un autoservicio. Su menú principal parece ser el yogur. Dan muestras más que suficientes para que los padres se planteen que ha llegado el momento de desechar viejos patrones con respecto a la alimentación. El niño quiere decidir qué y cuándo quiere comer. Además quiere decidir cómo comer. Esto no resulta fácil cuando se quiere comer en compañía de toda la familia en una mesa bien puesta. Lo mejor es dejar que el niño índigo elija qué quiere comer, aunque sea lo mismo todos los días. De esta manera se evita un estrés previsible. El niño puede aprender, y sentir intuitivamente lo que su cuerpo necesita y de esta manera consigue un sentido para su alimentación. También se le pueden ofrecer complementos alimenticios que aseguran el aporte de todos los nutrientes necesarios.

Los niños que toman el medicamento Ritalina debido a un problema de hiperactividad o SDA, no suelen tener hambre, hacen huelga total y no quieren comer nada. En estos niños suele aparecer el hambre por la tarde cuando los efectos de la Ritalina disminuyen y el resto de la familia ya hace horas que ha comido. Es entonces cuando suele tener un «hambre de lobo». Es importante que los padres entiendan que ahora realmente necesitan alimento. Se sabe que este medicamento frena el apetito. Obligar a que el niño coma durante el día sería en este caso absolutamente equivocado.

Los niños índigo que están en su centro, saben lo que les conviene. Les encanta elegir su comida y a partir de dos o tres años de edad saben con una increíble exactitud de qué manera quieren ingerir su alimento. Un alimento servido en un plato amarillo en concreto y cortado en trocitos de exactamente 5 milímetros, con la salsa en un lado y no en el centro, entonces el rey índigo (o la reina índigo) comerá todo lo que hay en el plato. Pero Dios le libre servirlo de otra manera o que alguien corte los trocitos en un tamaño diferente o mezcle la salsa con la comida, pronto verá cómo se desatará la furia. Y esto incluso puede ser una manera elegante de denominar lo que puede suceder pues a veces se parece más a una catástrofe de calibre medio: el plato puede acabar en el aire o en su cabeza.

A un niño índigo también le encanta elegir su sitio en la mesa y quién tiene permiso para sentarse a su lado. Uno de sus temas más importantes consiste en que quiere ser un miembro completamente integrado de la familia. Gracias a esto, en la mayoría de los casos conseguirá que al final se sienta a la mesa para disfrutar con toda la familia de la comida. No obstante, es frecuente que una vez sentado en la mesa no tenga ganas de comer, pero al cabo de media hora explica quejumbrosamente el hambre tan enorme que tiene y qué es lo que quiere comer exactamente. Encima le gustaría que se le sirva de inmediato.

Los niños índigo son por un lado extremadamente sensibles con respecto a la comida. Por otro lado comen de manera poco variada sin que esto tenga efectos perjudiciales. Como ya he expuesto, se ha demostrado que muchos de estos nuevos niños tienen un hígado diferente al nuestro lo que hace suponer una adecuación evolutiva a los alimentos de las últimas décadas. El nuevo hígado está «hecho para comer comida basura» sin enfermar por ello. La naturaleza siempre se ocupa en su evolución para que nos adaptemos y para que el hombre, los animales y las plantas sufran una «mutación» para poder sobrevivir a las diferentes condiciones ambientales.

Lo mejor es alimentar al niño, siempre que sea posible, con una alimentación natural y orgánica. El cuerpo físico es su vehículo, su conexión con la Tierra y con el mundo material. Hay que cuidarlo y alimentarlo. La alimentación natural se corresponde con su alta frecuencia y permite que el niño crezca con buena salud. La mayoría de nuestros productos alimenticios están hoy en día tan manipulados que sus nutrientes no pueden ser aprovechados del todo por nuestro cuerpo.

Trabajadores de luz, terapeutas y médico han hecho experimentos durante años con diferentes tipos de alimentación e incluso ayunos. Han seguido muchas teorías e indicaciones, pero nunca han podido decir si de veras existe una alimentación uniforme y óptima para todo el mundo. Lo que sí han podido comprobar es la importancia que tiene la conexión entre la consciencia y el metabolismo del cuerpo.

El ser humano ingiere muchos alimentos para equilibrar altibajos mentales y emocionales. Un ejemplo podría ser: alguien le hiere profundamente, usted se siente desgraciado y... busca el chocolate, se toma un helado o cualquier otro alimento. A esta conducta se le denomina «comer para alimentar el cuerpo emocional». El chocolate hace que el cerebro produzca endorfinas, las llamadas "hormonas de la felicidad", y así se siente mejor y puede seguir adelante con sus quehaceres cotidianos.

Existen muchas razones por las que las personas quieren comer. No comemos solamente para nutrir y mantener con vida a nuestro cuerpo físico, sino también para sentirnos libres, vivos y en armonía. Pero lo más importante es que comamos con alegría y apetito –y esto es especialmente aplicable a los niños.

Al ingerir alimentos se trata de mantener a nuestro sistema inmunológico con fuerza. El niño tiene que desarrollarse libre y sanamente y debería tener la capacidad de defenderse ante la enfermedad. Supongamos que sea cierto que los niños índigo vienen con atributos espirituales y emocionales diferentes, que su ADN es distinto al nuestro y que su «sistema eléctrico» funciona de otra manera, entonces parece lógico que necesiten a nivel corporal otras sustancias químico-biológicas para nutrir su cuerpo debido a los millones de procesos químicos que en él tienen lugar.

Básicamente hay solamente tres sustancias que necesitamos: aire, agua y alimentos sólidos. Desde una perspectiva superior podría decirse que junto con nuestra comida nos aportamos una información determinada que necesitamos para mantener a nuestro sistema en equilibrio.

Empleamos mucho tiempo en reunir todo lo que comemos. Hay que comprarlo, prepararlo, comerlo y digerirlo. Si nos diéramos cuenta de lo poco que sabemos en realidad sobre lo que ingerimos, nos deberíamos preguntar realmente si no hay algo que se pueda desequilibrar. Hemos perdido el contacto con nuestra alimentación, nuestra relación originaria con su calidad y con la naturaleza en general. Nuestros instintos naturales están adulterados. Hemos perdido por completo el contacto con el nivel de información que aporta la comida. Se ha instalado más bien una visión materialista de la alimentación a la que seguimos porque así es como nos lo han enseñado. Una clara señal de esto es que una gran mayoría de gente, sobre todo en los países industrializados, está demasiado gorda y hace continuamente algún tipo de dieta mientras en otras partes del mundo la gente se muere de hambre.

Muchos investigadores de nutrición han intentado recuperar en las últimas dos décadas, las viejas enseñanzas básicas de la mística con respecto a nuestra alimentación. Un médico americano, conocido por sus investigaciones en el campo de la nutrición, el Dr. Gabriel Cousens, dice en su libro *Una alimentación sana*: «*El nuevo paradigma dice que no se puede seguir entendiendo a la alimentación como calorías, proteínas, grasas e hidratos de carbono. La alimentación es una fuerza dinámica que interactúa con el ser humano a nivel corporal, mental, emocional, energético y espiritual.*» En la introducción de su libro escribe: «*Si nos alimentamos de manera sana y armónica somos más capaces de sintonizar y comunicarnos con lo divino. Desde este punto de vista propongo que no "vivamos para comer" o "comamos para vivir" sino que comamos para intensificar nuestra unidad con lo divino.*»

Conforme se esté elevando el nivel de vibración de la Tierra, el organismo humano necesitará una alimentación más ligera y con una vibración superior. La tendencia general también indica que estamos buscando una manera más ligera de alimentarnos. Muchas personas ayunan una o dos veces al año, otras incluso viven exclusivamente del aire y del agua. La vieja creencia de que hay que comer mucho para sobrevivir ha quedado obsoleta. Ha perdido su validez, por lo menos en los países industrializados. ¿Pero que aspecto tiene «lo nuevo»? Los Maestros Ascendidos* y

---

* Véase el glosario final.

Entidades Superiores de Luz* nos transmiten que cada vez más nos alimentaremos de luz. También nos dicen que estamos a punto de descubrir cómo podemos vivir durante más tiempo. Pero todavía existen demasiadas opiniones y tendencias contradictorias. Cada día se descubren nuevos complementos alimenticios, vitaminas o nutrientes y se ponen a disposición del consumidor. Esta rama de la alimentación está funcionando más que nunca. Este hecho ya nos demuestra que hay algo que quiere cambiar.

Parece que a los niños índigo no les gustan las comidas muy elaboradas, prefieren alimentos sencillos y rápidos. Necesitan una alimentación diferente a la nuestra para poder proseguir en su camino espiritual. Comen menos cantidad en una sola comida aunque comen más veces al día.

El ritual de la comida está empezando a perder su importancia. ¿Por qué? ¿Estamos convirtiéndonos en seres que vivirán de luz y aire? ¿Deberíamos cambiar nuestra alimentación e ingerir solamente alimentos integrales o solamente vegetales? ¿Deberíamos dejar de mantener a animales en grandes instalaciones para luego comérnoslos? Aparecen muchas preguntas, preguntas que seguramente el futuro nos contestará. Pero hay algo que es importante: tenga confianza en su hijo y en sus intuiciones. Déjele comer (por supuesto dentro del marco de sus posibilidades) lo que quiere.

Una madre cuenta: «*Incluso cuando mi niño todavía era muy pequeño, me decía siempre con gran exactitud lo que quería comer. Yo quería hacerlo todo muy correctamente y quería alimentar a mi hijo de forma sana, pero cada día tenía lugar una terrible batalla. Después de algún tiempo decidí tener confianza en él y dejarle. Cocinaba lo que él quería. Un día me dijo que tenía que beber Coca-Cola por que era bueno para él. Cuando yo empezaba a explicarle que la Coca-Cola no es sana etc. me contestó muy seriamente: "Mamá, esto es verdad, para ti no es sana y no deberías beberla, pero para mí es diferente, mi cuerpo la necesita. Para mí es lo correcto." Tuve que decidir nuevamente y decidí confiar en mi hijo. Mi hijo tiene ahora 19 años y está muy sano. Ha bebi-*

---

* Véase el glosario final.

do mucha Coca-Cola y siempre ha comido lo que quería, por supuesto, dentro de un marco de las posibilidades familiares. A posteriori estoy muy contenta de haber elegido la confianza. He aprendido a escuchar mejor si quería o no comer y qué quería comer y lo que mi cuerpo necesita de verdad.»

Otra madre cuenta: «*Yo me alimento desde hace muchos años según el método "instinto", que proclama que las personas solamente deberían comer alimentos madurados al sol como tomates, frutas, aguacates, frutos secos, etc. Se elige diariamente según el instinto y el olor. Mi hijo menor también fue alimentado según el método "instinto" y no conoce otra cosa. Ahora tiene diez años y está perfectamente sano. Lo que más alegría nos da es que es muy intuitivo, autónomo y seguro de sí mismo, está en contacto consigo mismo, tiene un nivel energético muy alto y a pesar de todo es un niño totalmente "normal". Un día, cuando estábamos hablando de las diferentes maneras de alimentarse dijo de repente: "Está claro, tú tenías que empezar con este tipo de alimentación para que yo pudiera venir a la Tierra y tú ya estuvieras preparada ya que me he propuesto en esta vida alimentarme de vegetales ¿cómo hubiera podido realizarlos sin ti?"»*

Suplementos alimenticios

Dado que nuestra alimentación básica ya no contiene las sustancias necesarias (minerales y vitaminas entre otras), para estar sanos y mantener la armonía, sería conveniente tomar suplementos nutricionales. A continuación expongo algunas propuestas/productos con los que puede reforzar a su niño índigo durante la fase de crecimiento. Es importante tener claro que no existen recomendaciones universalmente válidas pues cada niño se sustenta individualmente.

Productos naturales modernos como suplementos alimenticios

Muchos estudios muestran que nuestros alimentos tienen una alarmante carencia de minerales: hasta un 85 % de los minerales que deberían estar en la tierra agrícola son inexistentes en nuestros alimentos. Actualmente ya hay muchas empresas que se dedican a vender suplementos alimenticios para afrontar dicha carencia (Por ejemplo: Life-plus es una de estas empresas y, según mi opinión es una de las mejores ya que mantiene una exigencia de calidad muy alta en lo referente al cultivo de los productos y su posterior elaboración. (Véase más información en el anexo).

Una cosa está clara, todo lo que el hombre es capaz de hacer se basa en procesos bioquímicos: la capacidad del cerebro para pensar; la capacidad del sistema circulatorio para llevar la sangre a los órganos para proporcionarles los nutrientes necesarios y para drenar los productos de deshecho; la capacidad del sistema inmunológico para luchar contra las infecciones, etc. Cuando falta un solo «ladrillo» de las sustancias bioquímicos necesarias, el cuerpo deja de funcionar de manera óptima. Nuestra alimentación nos debería aportar todos estos «ladrillos» siempre y cuando estén presentes en ella, claro está. Década tras década observamos cómo el número de muchas de estas sustancias se ha ido reducido drásticamente y los niños cuyo cuerpo todavía tiene que crecer son los más perjudicados. Según el estado del niño, sería deseable añadir diariamente suplementos. Niños de una edad mayor pueden «escuchar» a su cuerpo y verificar así qué complemento les hace falta y pueden asumir la responsabilidad de tomarlos según su criterio.

Las algas azul-verdes

Uno de los complementos más valiosos lo encuentra el niño índigo en las algas azul-verdes, también conocidas como *Aphanizomenon Flos Aquae* o AFA en su forma abreviada. Esta alga se cosecha de manera natural en el estado americano de Oregón en el lago Klamath. Este lago es alcalino y es el único lugar del mundo donde crece esta alga de manera natural y crece tan rápidamente durante los meses de verano que se pueden cosechar diariamente muchas toneladas. Tiene un gran efecto curativo y se corresponde con las necesidades sutiles de los nuevos niños.

Lo valioso de la alga azul-verde para el niño índigo no sólo consiste en los nutrientes concentrados que contiene, sino también en el efecto que ejerce sobre el sistema nervioso, sobre todo sobre las glándulas pineal,* pituitaria* y el hipotalamo*. Las personas que consumen las AFA comentan generalmente que han logrado una mayor capacidad de atención, mayor resistencia mental, mejor memoria corta y larga. Solucionan sus problemas con más facilidad, son más creativas, se sienten mejor y están más centradas.

Las algas pertenecen, debido a su existencia de más de tres billones de años, a las plantas originarias y son conocidas como la fuente de la vida en esta Tierra. Contienen vitaminas, minerales, aminoácidos y nutrientes que necesitamos para vivir. Contienen entre otros, cinco veces más calcio que la leche, tres veces más proteínas que la carne, el pescado o las aves y cincuenta veces más hierro que las espinacas. No tienen calorías y nada de colesterol.

En niños que consumían regularmente algas azul-verdes se pudo comprobar lo siguiente:

- Tenían más energía, vitalidad y resistencia.
- Manejaban mejor el estrés.
- Su sistema inmunológico era más fuerte y por lo tanto enfermaban menos o se recuperaban más rápidamente después de una enfermedad.
- Se apunta una mejoría en la fatiga crónica, en las alergias y cambios de humor.
- Tenían una mejor digestión.
- Mostraban menos síntomas psicosomáticos.
- Hubo una mejoría extraordinaria en la capacidad de concentración y focalización.
- Hubo una disminución de su tendencia a la discusión, exigencia y ganas de pelea.
- Mostraban menos síntomas como por ejemplo miedo y depresión.
- Su conducta tendía a ser más bien positiva.

* Véase el glosario final.

Las algas azul-verdes tienen un efecto potente de desintoxicación y pertenecen a las sustancias nutritivas más importantes que hay en el mundo. Las blandas paredes celulares de las algas y su forma molecular originaria garantizan que los nutrientes sean fácilmente absorbidos por el organismo. Las algas tienen un efecto muy poderoso sobre el sistema inmunológico y nervioso. Son utilizados como coadyuvantes en procesos de depresión, el síndrome de déficit de atención, mala memoria, irritabilidad, trastornos generales del sueño, autismo, fatiga crónica, anemia, úlceras, hepatitis y otros. Lo que convence es que muchas de las personas tratadas ya notaban una mejoría al cabo de pocos días. (Para pedidos véase el anexo.)

PCO

Muchos niños muestran «conductas y enfermedades» cuya causa puede estar en la carencia de Vitaminas y/o PCO (*Proanthocyanidine Oligomentarico*). A ellos pertenecen el SDA, hiperactividad, trastornos de aprendizaje y falta de concentración, falta de motivación, debilidad inmunológica, problemas del metabolismo, tendencia a inflamaciones, alergias, depresiones, cansancio, sensibilidad a los cambios climáticos, sensibilidad con respecto al entorno, neurodermitis, psoriasis, sangrar por la nariz, obesidad y asma. PCO pertenece a los antioxidantes más eficaces que se conocen actualmente. Estos PCO destruyen con una extraordinaria eficacia a los radicales libres, activan y multiplican por diez el efecto de la vitamina C y gracias a ello elevan la producción de hormonas y neurotransmisores en el cerebro. Además mejoran la circulación sanguínea manteniendo los vasos sanguíneos sanos. Debido a la activación de los neurotransmisores, los PCO pueden elevar la capacidad de concentración, el rendimiento mental y consiguen que la persona esté más centrada y mejore considerablemente la capacidad de reacción, hechos que parecen importantes para los niños índigo. También pueden ayudar en casos de depresión, ya que optimizan el metabolismo de calcio. Los neurotransmisores sólo se pueden producir en cantidades óptimas cuando la síntesis del calcio funciona perfectamente. A parte de todo esto, el PCO parece facilitar el aporte de zinc, manganeso, selenio y cobre al cerebro ayudando por lo tanto en el SDA y la hiperactividad.

El proanthenol, según el Dr. Jack Masquielier, contiene PCO. Marion Sigurdson, una psicóloga de Tulsa, EE.UU. ha probado el producto PCO-85 en niños con SDA y ha podido comprobar que funciona igual de bien que la Ritalina.

✓ *Ejemplo:* un niño de nueve años tuvo grandes dificultades de aprendizaje, ya que no podía concentrarse durante mucho rato. Un año después de que su madre empezó a añadir a su comida PCO su rendimiento escolar es normal y a él le gusta más estudiar. Sus malas notas pertenecen al pasado.

✓ *Ejemplo:* una madre cuenta: «*Mi hija padece de SDA y es alérgica a determinados alimentos. Sufría heridas con mucha facilidad, tenía problemas del habla, mostraba un comportamiento llamativo, padecía trastornos de concentración y tenía dolores de cabeza y dolor de abdominales. Tres meses después de la ingesta regular de Proanthenol ya no tenía ataques de pánico ni trastornos de comportamiento. Ahora hace sus deberes sola y tampoco tiene dolores de cabeza ni de abdominales.*»

Ácidos grasos Omega 3

Para los niños hiperactivos con SDA también puede ser interesante el suplemento de ácidos grasos Omega 3. Estos son los así llamados ácidos grasos esenciales (ácido linoleico y ácido gama linoleico), que se llaman así porque el organismo no puede producirlos y tienen que ser aportados a través de la comida o con suplemento nutricional. Dentro del organismo deben cumplir funciones tanto estructurales como funcionales. Una vez ingeridos se convierten dentro del cuerpo entre otros ácidos grasos en Omega 3, ácido eicosapentaenoico (EPA) y ácido decosahexaenoico (DHA). Las grasas poliinsaturadas son necesarias, por ejemplo, en la formación y el mantenimiento de las paredes celulares. Cuando no hay suficiente DHA y otras grasas Omega 3 en las membranas celulares del cerebro, las funciones de éste se pueden ver comprometidas. Si tiene un niño con SDA o SDAH, intente averiguar si padece una carencia de ácidos grasos. Éstos parecen funcionar especialmente bien en los chicos, ya que ellos necesitan más ácidos grasos que las chicas. Estos ácidos grasos también se utilizan como coadyuvante en los tratamientos de inflamación, artritis, asma y psoriasis. El Dr. Norman Salem del Instituto Nacional Americano de Salud Mental dice: «*Determinadas grasas de pescado ejercen una influencia sobre nuestro cerebro y pueden armonizar trastornos de conducta como depresión, agresividad y problemas de concentración, entre otros.*»

*La plata coloidal**

La plata coloidal ayuda en todos los procesos inflamatorios del cuerpo. Debido a que aquí no se trata de un producto químico sino de un auténtico coloidal sin aditivos químicos ni estabilizantes, parece un medicamento ideal para los niños índigo. La plata proporciona un funcionamiento impecable del sistema inmunológico y puede ser utilizada como antibiótico incluso en niños pequeños.

En cuanto a su capacidad de purificación del agua, la plata coloidal tiene un largo y exitoso historial. Debido a que no agrede ni siquiera los vulnerables tejidos de los ojos se puede utilizar en forma de spray de primeros auxilios en los casos de cortes, heridas, quemaduras y picaduras de insectos, etc. en niños extremadamente sensibles. Con frecuencia es utilizado como coadyuvante en casos de gripes y catarros.

Debido a que cada niño «funciona» de otra manera, que vive en un entorno distinto y que las exigencias son diferentes, es muy importante averiguar qué suplementos vitales le faltan para que pueda sanar y volver a su centro, de forma rápida y sin efectos secundarios.

---

* Coloidal: un líquido con características entre una solución y una suspensión.

3. ¿Psicofármacos o tratamientos naturales?

Cuando estudiamos las diferentes culturas del mundo entero, descubrimos que existen muchísmas opiniones con respecto a las sanaciones, curaciones, la salud, los productos químicos y remedios de plantas y que es fácil que uno se sienta confuso. El mundo occidental y material ha desarrollado un sistema más o menos mecánico de salud. Se entiende al hombre no como un ser holístico sino más bien se estudian sus partes individuales. Se tratan más los síntomas que sus causas. Los pueblos indígenas todavía entienden al hombre como una unidad y le tratan desde esta perspectiva diferente: se cuida al individuo a nivel corporal y espiritual. Esta forma de curación tiene en cuenta la expresión armónica de la personalidad corporal, emocional, mental y espiritual.

En las naciones industrializadas del Oeste tendemos a solucionar nuestro malestar con medicamentos y sin intervención por nuestra parte. Por regla general nos conformamos con que desaparezca el dolor y no tenemos mucho interés en indagar la causa que ha producido el problema. En la mayoría de los casos estamos poco dispuestos a eliminar los hábitos que causan nuestros problemas de salud.

No se puede afirmar que los medicamentos sean mejores o peores que los remedios naturales; cada situación necesita lo suyo. Lo importante es que el médico, Heilpraktiker, psicólogo o sanador, entre otros, analice correctamente la situación. El enfermo que se acerca a ellos quiere que se le entienda como un ser global (emocional, mental, espiritual y corporal). Espera que el profesional se abra amorosamente y que encuentre los remedios adecuados; pero, en principio, sanarse se puede sanar sólo la persona. No obstante, antes de poder curarse, la persona necesita conocer su estado y situación. Sólo cuando el enfermo comprende por qué está enfermo, puede decidir si quiere cambiar su vida y su manera de ver las cosas para sanar para siempre.

Se habla mucho y se escribe todavía más sobre la hiperactividad, los trastornos de atención y síndromes de déficit en los niños. A muchos niños índigo se les tilda de hiperactivos y padecen de falta de atención y otros trastornos. No es extraño pensar que su conducta tan inadecuada se meta fácilmente en el mismo cajón que la hiperactividad y otros síndromes similares. De este modo se esquiva prestar una mayor atención al niño extravagante.

Con frecuencia se prescribe una medicación fuerte de methylphenidat, como por ejemplo Ritalina (o también Adderall, Prozac, Luvox, Paxil, Zoloft). Parece ser que los colegios piden o exigen frecuentemente a los padres que den al niño algún medicamento tranquilizante, ya que de otra manera habría que plantearse si el niño puede seguir o no en la escuela. La pregunta que se suscita aquí es: ¿Los niños realmente necesitan «drogas psiquiátricas» tan potentes para que se encuentren mejor o es que de esta manera nosotros estamos más cómodos? ¿Puede que estemos reprimiendo, gracias a la medicación química, las señales que estos niños están transmitiendo a la sociedad? ¿No sería más conveniente investigar a fondo el fenómeno de los nuevos niños? En nuestra sociedad sólo vale el lema «cada uno tiene que ser autónomo» y el hecho de solicitar ayuda psicológica, u otro tipo de consejo holístico, se interpreta con frecuencia como una debilidad.

Si un niño está enfermo o los padres no saben exactamente qué le pasa, su primera reacción es llevarle al médico o Heilpraktiker. Si un niño índigo está sano, pero no se siente a gusto (en su vida) o resulta un problema para la vida de los demás se aconsejan los siguientes pasos:

1. Comprenda: un niño índigo es un regalo de Dios. Quiere que se le acepte, quiere sentirse amado, quiere que la familia le preste atención y tiempo y quiere ser escuchado sin importar si está enfermo o sano. Un niño índigo tiene capacidades insospechadas para curarse a sí mismo y sabe perfectamente lo que le conviene, ¡aproveche sus capacidades! Le encantan los remedios naturales como por ejemplo el colorido de los frascos de Aura-Soma, extractos aromáticos y esencias, música y sonidos, esencias florales (flores de Bach) entre

otros. Siente su frecuencia energética, puede entrar en resonancia con ellos y encuentra de esta manera la forma de sanarse. Terapeutas y trabajadores de luz que utilizan terapias holísticas, reconocen y comprenden a los niños índigo. Hablan su «idioma», reconocen su energía y pueden tratar al niño. Los niños encuentran en ellos un oído abierto con respecto a sus problemas, sentimientos, pensamientos e ideas. A veces, los padres presencian un auténtico milagro cuando su hijo por fin ha podido explicarse con alguien que le entiende. El niño puede entonces manejar su situación con mayor facilidad y obrar según ella. (En el siguiente subcapítulo «Métodos Alternativos de Curación para Niños Índigo» encontrará algunos tratamientos alternativos entre los que puede elegir el más adecuado para su hijo.)

2. Lo primero que habrá que plantearse es cómo tranquilizar la situación. Puede que haya que recurrir a medicamentos cuando estos niños ya llevan mucho tiempo siendo hiperactivos, agresivos y cuando hace tiempo que ya no prestan atención y ya no tienen contacto con su entorno, cuando no están enraizados y cuando los padres ya están completamente rendidos. Una vez restablecida la calma se puede decidir cuál es el camino más idóneo para el niño y su familia.

3. Si la situación no es demasiado urgente y el niño está sano, sería interesante que los padres se informasen bien con respecto a las distintas posibilidades de ayuda. Infórmese en todos los ámbitos: puede leer libros que expliquen exactamente cómo funcionan los medicamentos químicos y hasta qué punto sus efectos secundarios son peligrosos; puede ponerse en contacto con médicos especializados, con psicólogos, especialistas, pedagogos entendidos en el tema SDA y SDAH. Puede preguntar a padres que tienen niños con síndromes de déficit y/o hiperactividad qué soluciones han encontrado; puede navegar por Internet e informarse (por ej. www.indigokinder.de); puede escuchar a su hijo y hablar con él de igual a igual antes de tomar una decisión. Sobre todo sería interesante informarse ampliamente sobre el te-

ma e intentar asumir la responsabilidad de la situación antes de decidir si medica o no a su hijo con un psicofármaco tan potente.

A continuación encontrará opiniones de médicos y otros profesionales referentes al tema niños y psicofármacos, un tema con el que llevan trabajando desde hace muchos años:

- ✔ El Dr. Lawrence Diller dice en su libro *Running on Ritalin*: «*Cuando nos decidimos por la Ritalina mostramos que preferimos buscar los problemas de nuestros hijos en su cerebro en lugar de buscarlos en su vida.*»
- ✔ El Dr. Breggin, director del centro para psiquiatría y psicología de Maryland, EE.UU., famoso autor de numerosos libros sobre el pro y el contra de medicamentos químicos (como por ejemplo: *Talking back to Prozac, Talking back to Ritalin, Your Drug may be the Problem* y *Reclaiming our children, A Healing Plan for a Nation in Crisis*), dice: «*En muchos casos, los padres reciben gracias a la prescripción de "drogas" el corto alivio que están buscando. Pero los comportamientos son señales que deberían ser interpretadas y comprendidas y no reprimidas.*» Más adelante dice: «*La Ritalina daña al cerebro, reduce el flujo sanguíneo, trastorna el metabolismo de glucosa y probablemente es la causa de una permanente contracción o atropía del cerebro. Drogas psiquiátricas causan psicosis*[*] *y agresión en los niños y podrían conducir a crímenes en los colegios.*» Él insta a todo el mundo a recuperar la responsabilidad ante los niños. Le parece fundamental que seamos nosotros mismos quienes cambiemos y que transformemos a nuestra sociedad para afrontar tanto la necesidad de nuestros hijos de mantener una relación llena de sentido con los adultos, como sus necesidades de amor incondicional, una disciplina sensata, una educación inspirada y un juego animado.

El Dr. Breggin ha investigado los motivos de los violentos crímenes ocurridos en escuelas americanas y ha llegado a las

---

[*] Psicosis: estados enfermizos de pánico.

conclusiones que expone en su libro: *Reclaiming our Children, A Healing Plan for a Nation in Crisis.* En él explica el peligro inherente a los psicofármacos y las dificultades que tienen los niños para luego poder dejarlos. Estos medicamentos provocan en muchos casos confusión, agresión, animadversión, distanciamiento, excitabilidad y carencia de energía. Con frecuencia se ha pedido al Dr. Breggin su consejo y ayuda en los casos de adolescentes asesinos en los cuales siempre estaban involucrados psicofármacos.

- La Dra. Nadine Lambert, psicóloga de la Universidad de Berkeley, EE.UU. dice: «*En los niños que toman Ritalina se multiplica por tres la probabilidad de desarrollar una preferencia por la cocaína*»

- La Drug Enforcement Administration (DEA), la unidad antidroga de los EE.UU. informa: «*Entre los jóvenes existe una elevada malversación de Ritalina ya que la pulverizan para "chutársela". Esta manipulación puede producir desgraciadamente una insuficiencia cardiaca.*»

- El Dr. Richard G. Foulkes, B.A., M.D., de Abbotsford, Canadá, antiguo consejero del ministerio de sanidad del Estado canadiense de Colombia, informa: «*El efecto de determinadas drogas como la Ritalina y el Prozac aumenta gracias a la combinación con flúor. Un niño está completamente indefenso ante los peligros que el flúor causa incluso antes del nacimiento y que pueden tener como consecuencia un CI disminuido. Además parece probable que el flúor que hay en el agua potable se amalgame con aluminio y otras sustancias químicas causando una "reacción" con medicamentos como la Ritalina aumentando su efecto.*»

Si uno se toma en serio todas estas declaraciones de los profesionales, los padres al igual que los terapeutas y los médicos, deberían sopesar muy bien los pros y los contras antes de recurrir a este tipo de medicación.

La tarea colectiva de los niños índigo consiste en hacernos comprender muchas cosas en todos los ámbitos. En los últimos años están apareciendo una cantidad increíble de nuevos descubrimientos tanto a nivel científico como a nivel médico, biológico y metafísico. Cuando observamos el especial cometido de los niños índigo –su capacidad de unir el amor con la tecnología (la espiritualidad y la ciencia)– deberíamos preguntarnos si no es precisamente esta unión la que nos proporcionará un futuro más sano y más vivo.

Entretanto están apareciendo numerosos métodos de curación y tratamiento que son todavía relativamente nuevos y que pertenecen a la medicina del siglo XXI. Es como si estuvieran pensados precisamente para los niños índigo ya que consiguen buenos resultados con ellos. En la mayoría de los casos se involucra a los padres en estos procesos de curación y de este modo toda la familia puede crecer junta. ¡Esta es la meta de los niños índigo! Permitámonos sorprendernos.

4. Métodos alternativos de curación para los niños índigo

La medicina china sabe desde hace miles de años que nuestra vida corre por líneas energéticas que nuestros sentidos conscientes no son capaces de percibir. Partiendo de la base de estos conocimientos antiguos del lejano oriente y otras culturas, se han ido desarrollando muchos métodos alternativos de tratamiento. Estos aprovechan y activan la capacidad natural de sanación del hombre.

Los métodos de tratamiento holísticos presentados a continuación trabajan con las energías propias del cuerpo. No tienen efectos secundarios, son indoloros y prometen conseguir unos resultados realmente increíbles. En estos métodos se entiende al ser humano como un ser divino al que se ayuda mediante estas técnicas a recuperar el equilibrio del flujo de su energía vital. La base de estos métodos es la suposición de que cada enfermedad tiene un nivel causal correspondiente. Los síntomas de una enfermedad son las últimas señales de que hay algo que no funciona entre los diferentes niveles inferiores del cuerpo. Algunos de estos métodos de sanación, actualmente ya reconocidos, son las que se describen brevemente a continuación: la kinesiología, la biorresonancia, la radiónica, el neuro-feedback y las flores de Bach. Otros métodos utilizados con buenos resultados con los niños índigo son: terapia de nutrición, terapia de la polaridad,* cromoterapia, aromaterapia y eutonía.

Debido a que somos seres bioquímicos cuyo funcionamiento se basa en procesos similares a los de una computadora, podemos suponer que todo en la vida se construye a partir del flujo de la información. Las esencias principales de nuestro mundo son: luz, consciencia, amor e información. Cuando enfocamos nuestros bloqueos con consciencia aportamos al mismo tiempo luz e información a ellos. La información recobra su flujo y podemos empezar a sentir. El cuerpo emocional se limpia de impurezas emocionales y recupera su radiante fuerza que es el resultado de unas emociones que fluyen libremente.

*Kinesiología***

La kinesiología apareció en EE.UU. a principios de los años sesenta gracias a la intuición del quiropráctico Dr. George Goodheard. Él había observado que cuando se refuerza al «contrario» de un músculo agarrotado, la consecuencia era que éste se relajaba inmediatamente. Es decir, no se modifica nada en el síntoma sino que se trabaja con la «debilidad» del contrario. Éste es el principio en el que se basa toda la kinesiología.

Se utiliza el test muscular como un instrumento de biofeedback y éste da información respecto al flujo energético en el cuerpo humano y sirve de amplificador para la inteligencia interior del cuerpo. En determinados puntos puede haber un exceso de energía que se muestra bajo la forma de dolor o una carencia que se muestra en forma de cansancio. Actualmente la kinesiología es una síntesis del conocimiento empírico del lejano orien-

---

* Una forma de terapia que se basa en el trabajo con las polaridades, los opuestos, con el objetivo de recuperar la armonía y el equilibrio entre los extremos.
** Véase el glosario final.

te y de la ciencia de occidente. Su objetivo es reforzar las fuerzas sanadoras del propio cuerpo.

John Thie revisó la kinesiología aplicada para profesionales no médicos. Este trabajo se conoce como *Touch for Health* (Un Toque para la Salud). La meta de TFH consiste en detectar alteraciones energéticas en el sistema muscular y equilibrarlas. Para ello se testan músculos específicamente relacionados con los meridianos. El cuerpo reacciona de manera rápida y sutil a las influencias externas y el test muscular es un sistema muy preciso de retroalimentación. No sólo muestra dónde están los orígenes de un desequilibrio corporal o anímico sino también qué puede ser de máxima ayuda al enfermo. Realmente es un método de terapia óptimo para niños índigo. La kinesiología se aplica cuando hay hiperactividad, bloqueos que impiden el aprendizaje, falta de atención, estrés y enfermedades crónicas, entre otros.

La kinesiología es valorada en la medicina preventiva como método para...

- ✓ apoyar el desarrollo personal y la capacidad de aprendizaje al mejorar la colaboración de ambos hemisferios;
- ✓ elevar la calidad de vida gracias a la resolución de conflictos emocionales inconscientes que a veces pueden provocar enfermedades físicas;
- ✓ integrar los diversos tratamientos alternativos como por ejemplo, reducción de estrés emocional, acupresura, sanación por medio de esencias, colores, nutrición, terapias de reflejos y otros muchos.

La kinesióloga Antje Ertl, madre de dos hijos describe lo siguiente partiendo de su visión kinesiológica: «*Debido a que los niños índigo son muy sensibles, les afecta mucho cómo se sienten sus padres. Incluso durante la gestación ya suelen reaccionar de manera más fuerte a las hormonas que la madre emite en situaciones de estrés. Según la visión kinesiológica, en los dos o tres primeros meses de gestación una gran parte de sustancias (aproximadamente un 80 %) produce reacciones alérgicas en el niño.*

El 20 % restante se va desarrollando más tarde y reacciona con ello a situaciones de estrés de la madre. Si la madre padece estrés, el niño reacciona automáticamente. Por ejemplo: si una madre está continuamente preocupada por el niño, le va quitando energía a éste. El niño ya no dispone de esta energía para curarse o sacar buenas notas en el colegio. El niño recibe el mensaje: mi madre no confía en mí por lo tanto yo tampoco puedo confiar en mí. Los padres deberían confiar en que su niño se levantará si se ha caído. Pero sí es cierto que antes tienen que haberle entrenado un poco a levantarse. Si el niño lo prueba por su cuenta se puede sentir orgulloso de su logro y va cogiendo seguridad en sí mismo.

»Es importante comprender que los errores son la fuente del conocimiento y crecimiento. Cuando emprendemos una tarea nueva es normal que cometamos errores. Deberíamos concentrarnos en la experiencia adquirida y no en el enjuiciamiento. Cuando empezamos a analizar los errores, la situación de aprendizaje ya ha pasado hace mucho. Se trata de reconocer los errores y preguntar: ¿Qué hay que modificar o rectificar ahora mismo? Y hacerlo inmediatamente. Según la kinesiología un comportamiento positivo, es decir, una corrección de la conducta errónea, debería repetirse siete veces para integrarlo.

»Puede ser muy divertido trabajar con las debilidades. Las diferencias existentes en los seres humano realmente les convierten en humanos y en seres amorosos. No deberíamos castigar sino reforzar. Niños que no hablan, que tienen eccemas dermatológicos o que son hiperactivos piden de los padres, según la visión kinesiológica, que busquen otros canales de comunicación. Con frecuencia eligen "enfermedades" externamente visibles ya que éstas consiguen «despertar» a los padres y les exigen ocuparse de ellos mismos y del niño. ¡Estos niños quieren que se les acepte tal como son, sin condiciones!

»Los niños índigo tienen almas fuertes y se enfrentan a sus errores cuando se les guía correctamente. Ellos pueden ayudar gracias a su fortaleza para que los padres y el entorno se interesen en los cambios y apoyárles al mismo tiempo.»

Extracto del libro de Antje Ertl
Kinesiología para la Salud y la Energía Vital

Un caso: «*Hace poco he trabajado con un padre cuyo hijo tuvo una neurodermitis en la cara. Por parte de la medicina se le habían prescrito, entre otras cosas, varias dietas pero sin éxito. Los padres se preocupaban mucho por su hijo. El padre decía: "Si el eccema estuviera solamente en la zona de los pañales, no sería tan tremendo pero el chiquillo lo tiene en la cara y todo el mundo hace algún comentario". He trabajado con el padre el hecho de que el niño siente su vergüenza con respecto a la problemática, y que es importante que dé la cara por su hijo aunque tenga un eccema en su carita. El eccema seguirá hasta que el padre dé la cara y asuma la responsabilidad por la situación. El padre reconoció que ya se había imaginado algo así, pero que no tuvo valor para decírselo a la gente.*»

Biorresonancia

El principio de la terapia de biorresonancia, desarrollada por el Dr. Franz Morell en 1977, es muy simple. De la biofísica sabemos que los procesos químicos del cuerpo son regulados por un campo energético electromagnético. Este campo energético envuelve y penetra al hombre cuyas vibraciones electromagnéticas pueden ser medidas por medio de aparatos electrónicos. Estas vibraciones son absorbidas mediante electrodos y modificadas durante la terapia. Las ondas se dividen en vibraciones fisiológicas (buenas, normales) y patológicas (enfermas, no normales). Las señales patológicas alteradas se devuelven invertidas al paciente mediante electrodos. De esta manera, las vibraciones enfermas son neutralizadas y el cuerpo puede por sí mismo recuperar la salud. El enfermo no es «tratado» con energías ajenas sino con las del propio cuerpo que pueden ser giradas, reforzadas, debilitadas o tratadas de otras maneras según la necesidad. Gracias a esta devolución de las energías propias, modificadas mediante el aparato se pueden eliminar focos. De esta manera uno se dirige y activa la capacidad de autorregulación del cuerpo. Éste es un tratamiento que, sobre todo en el ámbito físico, ha demostrado ser muy eficaz, es totalmente indoloro y se utiliza entre otros para tratar: alergias, bronquitis asmática, infecciones crónicas, estados dolorosos o, en su caso, una tendencia generalizada a padecer infecciones.

Radiónica

La radiónica es un sistema de diagnóstico y tratamiento a distancia que utiliza la capacidad humana de la percepción extrasensorial. Esto tiene lugar en conexión con instrumentos construidos específicamente para ello y ayuda a determinar las causas subyacentes de una enfermedad en un organismo vivo. Las enseñanzas sobre los efectos de los rayos de objetos vivos o inertes fueron proclamados en 1900 por el médico americano Albert Abrams y luego desarrollados, entre otros, por David V. Tansley. La radiónica se utiliza para el diagnóstico y el tratamiento médico. Mediante la emisión de ondas inducidas electrónicamente, denominadas ondas escalares, se puede analizar, tratar y «sanar» a una persona que vive a cientos de kilómetros utilizando como «testigo» un mechón de pelo, una gota de sangre o una foto.

La radiónica es un arte de curar que tiene sus raíces en la medicina del siglo XX. Utiliza conscientemente las capacidades mentales superiores, cuya existencia está siendo aceptada poco a poco por la ciencia. Es importante que uno se dirija a un terapeuta de radiónica con experiencia, ya que el instrumento hay que manejarlo cuidadosamente para conseguir una curación.

Un paso más en el desarrollo de la radiónica que parece muy interesante y promete éxitos en el tratamiento de los niños índigo, es el quantum holograma radiónico que ahora es posible realizar gracias al moderno software. Este método es muy adecuado para los niños índigo, ya que éstos están frecuentemente en contacto consciente con su alma y otras dimensiones espirituales. Los trastornos se equilibran en niveles superiores (sin ningún efecto secundario) y gracias a ello la persona se armoniza, desaparece el estrés, la hiperactividad o la falta de atención, antes de que conduzcan a un posible problema físico. Otra ventaja añadida es el hecho de que el niño no tiene que ir a ningún sitio para ser tratado sino que se puede quedar en su casa.

Mediante este método también pueden eliminarse de su entorno, de su casa o del dormitorio infantil, las cargas electromagnéticas insanas. Entre otros, se utiliza la radiónica en casos de: trastornos de conducta, problemas psicológicos y del alma, enfermedades crónicas de todo tipo, hiperactividad, dificultades en el aprendizaje, enfermedades y bloqueos a nivel físico y traumas. También se puede utilizar la radiónica para conseguir un despertar del potencial interno. (Véase en el anexo la dirección de contacto).

Neurofeedback

El neurofeedback es un moderno método que se basa en la retroalimentación del cerebro. Ofrece una visión de la consciencia y fue desarrollado a partir del EEG (electroencefalograma). Mediante sensores y programas especiales de ordenador se proyecta la actividad cerebral en forma de ondas cerebrales en una pantalla y de esta manera se hace visible y audible. También permite medir la actividad cerebral y modificarla mediante vibraciones energéticas. Hace que cada pensamiento, cada sentimiento y cada bloqueo emocional sea visible y esto, a su vez, permite reconducirlo a un estado de equilibrio. El objetivo de la terapia de neurofeedback es la armonización del espectro de frecuencias, el entrenamiento de la capacidad de resistencia y el logro de una mayor flexibilidad del sistema nervioso central.

Mediante el neurofeedback, los niños índigo aprenden a conocerse a sí mismos, a influir positivamente y manejar fácilmente su consciencia, sus pensamientos, su percepción y sus emociones. Refuerza también la capacidad de autorregulación del cuerpo; patrones de conducta que suponen un obstáculo pueden ser disueltos y sustituidos por otros más positivos. Gracias al neurofeedback es posible entrenar y desarrollar de manera puntual a determinadas áreas de frecuencia la actividad eléctrica del cerebro.

El neurofeedback se utiliza entre otros en casos de estrés, concentración y memoria deficitarias, para mejorar la simetría entre el hemisferio derecho e izquierdo, cuando hay problemas en el aprendizaje y en caso de hiperactividad, para potenciar el desarrollo de la creatividad, para alterar estados de consciencia y para la visualización.

Flores de Bach

La terapia con las flores de Bach fue desarrollada en 1928 por el Dr. Edward Bach. Él descubrió que determinadas flores pueden ejercer una influencia sobre los cuerpos físico, emocional y psíquico. Entendió que 38 flores, árboles y arbustos regulan determinados trastornos.

El propio Edward Bach lo describe de la siguiente manera: *Determinados flores, árboles y arbustos de un orden superior tienen la fuerza, gracias a su vibración, de elevar la frecuencia vibratoria del ser humano, abrir nuestros canales para la recepción de mensajes del sí mismo espiritual, de engrandecer nuestra personalidad y de acercarnos a nuestra alma. Por ello nos obsequian con la paz y eliminan nuestros sufrimientos.*

Extracto del libro *Terapia Floral*
de Mechthild Scheffer

Los niños responden especialmente bien a esta suave terapia con flores de Bach, ya que les ayuda a encontrarse a sí mismos y a aceptarse tal como son.

En la bibliografía que encontrará al final del libro se indican algunos libros que hablan de métodos alternativos de curación. También puede encontrar mucha información y direcciones referentes a este tema en la página web del «Indigo-Kinder Lichtring» –http://www.indigokinder.de.

capítulo cinco

Auto-test para niños índigo

Gracias a todas estas informaciones y todas las opiniones que he podido reunir y gracias a mi propia experiencia con niños índigo, he aglutinado las siguientes observaciones y las he ordenado según grupos de edades. Este primer test ayudará a los padres a averiguar si su hijo es un niño índigo o si tiene una capa índigo, es decir, el color índigo aparece como un color secundario.

Este auto-test para niños índigo se ha dividido para su mejor comprensión en tres grupos de edades. Repase la siguiente lista de conductas llamativas y evalúe a su hijo según las diversas conductas. Revise las preguntas planteadas a continuación e indique el grado de su correspondencia. Es importante que tenga en mente que no se deben tener en cuenta las conductas esporádicas sino que la conducta tiene lugar a lo largo de un período más o menos largo de tiempo. También conviene tener en cuenta hasta qué punto la conducta es llamativa con respecto a la conducta de niños de la misma edad y en situaciones vitales semejantes.

Pienso que cada test debería ser aplicado al mayor número posible de niños antes de poder hablar de un baremo oficial de los resultados. En el futuro esto será seguramente posible cuando los niños índigo hayan obtenido una mayor atención. Publicaremos las novedades en la página web del Indigo-Kinder-Lichtring. http://www.indigokinder.de o http://www.indigo.kind.com.

Edad: 0-5 años   *Evaluación*

✔ Cuando se levanta por la mañana suele tener dolores físicos, ya que le habría gustado quedarse en su «mundo».	0 1 2 3
✔ Necesita dormir extremadamente poco y es muy energético.	0 1 2 3
✔ De alguna manera es diferente que los demás niños.	0 1 2 3
✔ No se deja involucrar en situaciones emocionales.	0 1 2 3
✔ Trata los objetos como si estuviesen vivos y se les pudiese hacer daño.	0 1 2 3
✔ Tiene una extrema necesidad de ser aceptado y de sentirse seguro. Le gusta permanecer siempre en la misma estancia.	0 1 2 3
✔ Es extremadamente sensible e intuitivo. Con frecuencia sabe lo que Ud. quiere decir antes de haber pronunciado ni una sola palabra.	0 1 2 3
✔ La primera palabra que aprendió fue «no» y la sigue utilizando más que otras palabras.	0 1 2 3
✔ Con frecuencia juega con amigos invisibles a los que él percibe de verdad.	0 1 2 3
✔ Quiere estar siempre cerca de los padres y recibir continuamente su atención.	0 1 2 3
✔ Puede llegar a aburrirse mucho.	0 1 2 3

✔ Es el típico solitario.	0	1	2	3
✔ Sabe exactamente lo que quiere y es muy difícil conseguir que cambie de idea.	0	1	2	3
✔ En la edad en la que comienza a hablar puede empezar a tartamudear porque no encuentra las palabras con la suficiente rapidez.	0	1	2	3
✔ Dice cosas que en realidad no puede saber con gran convicción.	0	1	2	3
✔ Se comunica con los animales, plantas y piedras.	0	1	2	3
✔ Tiene capacidades paranormales y siente lo que es «auténtico».	0	1	2	3
✔ Ve con su ojo interno imágenes, colores y formas que no sabe explicar con claridad.	0	1	2	3
✔ Puede recordar situaciones de vidas pasadas.	0	1	2	3

Edad: 6-10 años

✔ Tiene hábitos diferentes que Ud. en lo que se refiere a comida; sabe exactamente lo que necesita y lo que quiere comer.	0	1	2	3
✔ Parece continuamente «atacado», está lleno de energía difícil de controlar.	0	1	2	3
✔ Con frecuencia está demasiado cansado para levantarse, vestirse e ir al colegio; está demasiado cansado para hacer cualquier cosa.	0	1	2	3
✔ No presta atención, es distraído y le cuesta concentrarse.	0	1	2	3
✔ La injusticia puede llegar a enfermarle.	0	1	2	3

✔ No reacciona cuando se le culpabiliza por algo.	0	1	2	3
✔ Muestra mucha tolerancia con las demás personas y cosas.	0	1	2	3
✔ Tiene poco miedo con respecto a sí mismo. Sin embargo, se preocupa mucho por los demás.	0	1	2	3
✔ Le pone cada día frente a sus límites, tanto emocional como mentalmente.	0	1	2	3
✔ Es extremadamente sociable, habla con todo el mundo, en cualquier lugar y en cualquier momento.	0	1	2	3
✔ Tiende a ser un solitario.	0	1	2	3
✔ Prefiere la compañía de adultos en lugar de estar con compañeros de su misma edad.	0	1	2	3
✔ Busca en todas las situaciones, el amor, la justicia, la tolerancia y ausencia de juicio.	0	1	2	3
✔ Protesta en todo momento y muestra una voluntad férrea.	0	1	2	3
✔ No tolera que opiniones caducas le limiten.	0	1	2	3
✔ Cuesta «mantenerle a raya», se siente como un rey/una reina y quiere que se le trate como tal.	0	1	2	3
✔ Prefiere conocer la verdad en lugar de una mentira cualquiera.	0	1	2	3
✔ Con frecuencia se siente incomprendido y no aceptado por los adultos y por otros niños.	0	1	2	3
✔ Nuestro mundo material le parece demasiado simple y aburrido.	0	1	2	3
✔ Ama conversaciones intensas e inteligentes.	0	1	2	3
✔ Tiene un efecto sanador sobre otras personas.	0	1	2	3

✔ No tiene un gran interés por la realidad material.	0	1	2	3
✔ Comprende los entresijos humanos y del alma.	0	1	2	3
✔ Es muy leal y fiel con respecto a su familia y amigos íntimos. Es como si comprendiera que son relaciones eternas.	0	1	2	3
✔ Con frecuencia tiene la sensación de estar en el lugar erróneo y dice: «Quiero volver».	0	1	2	3

Edad: 11-edad adulta

✔ Es imposible «meterle» prisa.	0	1	2	3
✔ Tiene que moverse mucho. Cuando está aprendiendo está en constante movimiento o es hiperactivo.	0	1	2	3
✔ Padece con frecuencia alergias y/o eccemas cutáneos.	0	1	2	3
✔ A veces está totalmente agotado durante largos períodos y no se recupera.	0	1	2	3
✔ Con frecuencia no está bien enraizado y está «volado».	0	1	2	3
✔ Es capaz de discutir sin emociones, lógicamente y seguro de sí mismo.	0	1	2	3
✔ No permite el castigo, no obstante, se somete al autocastigo.	0	1	2	3
✔ Siente una enorme empatía y es muy apasionado, pero al mismo tiempo es fuerte e independiente.	0	1	2	3
✔ Es creativo y se siente más «evolucionado» que otros niños.	0	1	2	3
✔ En situaciones difíciles muestra fuerza y es capaz de transmitir valor a los más débiles.	0	1	2	3

✔ Es superficial en el contacto con sus congéneres.	0	1	2	3
✔ Exige de sus congéneres conceptos claros y líneas claras de actuación.	0	1	2	3
✔ Quiere ser tratado como un miembro familiar, de igual a igual.	0	1	2	3
✔ En la mayoría de los casos hace lo que a él le parece adecuado.	0	1	2	3
✔ No tolera que usted tome decisiones en su lugar sin informarle antes.	0	1	2	3
✔ Rechaza casi todo lo que se le dice y no presta atención.	0	1	2	3
✔ Está muy abierto ante propuestas íntegras e indicaciones honestas.	0	1	2	3
✔ Quiere que se le consulte con respecto a sus opiniones y convicciones.	0	1	2	3
✔ Comprende mejor conceptos espirituales que materiales.	0	1	2	3
✔ Internamente vive según principios e ideas espirituales superiores.	0	1	2	3
✔ Conoce su misión en la vida y espera con impaciencia llegar a ser, por fin, adulto.	0	1	2	3
✔ Sabe que en todas las cosas existe una energía espiritual, que todo es uno y que todo está relacionado con todo.	0	1	2	3

Cuando ha hecho una cruz en los ceros y unos en la mayoría de las preguntas, puede partir de la base que su hijo no es un niño índigo. Aunque a veces puede mostrar conductas similares.

Cuando su hijo está en la evaluación 2, puede partir de la base que su hijo es un niño que ha venido a este mundo con una «capa» de color índigo encima de su color vital. Esto implica que puede mostrar muchas características de la personalidad índigo y del color índigo y es un verdadero niño de los nuevos tiempos que ayudará a la humanidad para que haga posible el cambio en este nuevo milenio. Pero no es un niño índigo al cien por cien. Cuando ha marcado con llamativa frecuencia el número 3, puede partir de la base que tiene en su familia un niño índigo «puro».

En el caso de los niños que han obtenido un 2 o un 3 en esta evaluación, es muy importante que se tome el tiempo para averiguar lo que esto significa para usted. Educar a un niño de los nuevos tiempos es una tarea muy grande, pero vale la pena averiguar si sabe manejarlo conscientemente. Imagínese que todos los padres de niños índigo tuvieran el valor de criar a sus hijos completamente libres de miedos, libres de traumas, libres de sentimientos de culpa y libres de agresiones y dentro de veinte años ellos asumieran los puestos en nuestros gobiernos y otros puestos de mando. Deberíamos darnos cuenta de qué mundo tan maravilloso nos esperaría en un futuro muy cercano.

capítulo seis

El cambio bajo el signo índigo

1. Un proceso de cambio a nivel mundial

Vivimos en un mundo en el que la vida en la Tierra está cada vez más desequilibrada. Vivimos en un mundo que, por encima del amor y la alegría, antepone el poder y el dinero. No obstante, en los últimos años este mundo ha comenzado a derrumbarse. Las religiones, los gobiernos y otras instancias están perdiendo su credibilidad y con ello sus miembros o cooperadores. Nuestro sistema de valores muestra su vacío. La gran mayoría de la gente realmente no es feliz no han mantenido sus sueños y casi todos están aniquilados.

La humanidad ha perdido su autoestima y el contacto con la naturaleza debido a compromisos adquiridos y represiones a muchos niveles. Nuestras relaciones son frívolas y superficiales, demasiado dominadas por el orgullo, los celos, la culpabilización y la mezquindad. En lugar del amor reinan la lujuria y el egoísmo. Muchos ya no se atreven a permitirse una confianza profunda, representan su popel y olvidan su sueño: «Vivir en este mundo como en el paraíso». Los padres aplazan sus sueños para cuando hayan crecido los hijos y en muchos casos se encuentran con que son demasiado mayores para realizarlos cuando los niños se van de casa.

La conexión con nuestro Yo Superior,* la chispa divina, se ha apagado. La ayuda que nos presta el mundo espiritual no se utiliza pues la mayoría ni siquiera cree en su existencia. Nuestra convivencia no está hecha en la mayoría de los casos para obtener una mejor calidad de vida. Nuestras tiendas están llenas de cosas que realmente no necesitamos y muchos alimentos son insanos y con frecuencia envenenados por pesticidas, conservantes o radiaciones. Muchos sienten un gran vacío en sus vidas que intentan llenar con entretenimientos externos y cosas materiales. Aunque es cierto que intentamos restablecer el contacto interno, perdido desde hace mucho tiempo, con nuestro cuerpo, escucharle de verdad se nos ha olvidado y por tanto tampoco lo podemos transmitir a nuestros hijos.

Lo cierto es que vivimos en un mundo «irreal» pero, no obstante, en nuestro fuero interno el anhelo de paz y amor ha seguido creciendo y ha conseguido un cambio en las dimensiones sutiles. Sabemos que esta época es muy importante. En el mundo espiritual hubo señales suficientes de que estamos dispuestos a elegir en qué dirección queremos caminar.

Después de la Segunda Guerra Mundial hubo una auténtica avalancha de niños. Eran nuevos seres que venían al mundo para iniciar una época distinta. Esta generación ha provocado las demostraciones del año 68; ha pulido muchas estructuras y ha sido precursora en todos los ámbitos. Aquello fue un poderoso comienzo para cambiar las cosas aquí en la Tierra. Los hijos de las flores, los *hippies* y otros grupos sembraron la semilla del cambio. No importaba si se trataba de nuevas formas de convivencia, de música, moda o alimentación biológica, esta generación estaba siempre interesada en probar cosas nuevas e investigar. A mediados de los años cincuenta nacieron muchos «sanadores y ayudantes» para la humanidad. Ambos grupos (los precursores y los sanadores/ayudantes) han conseguido que la frecuencia vibratoria de la Tierra haya aumentado.

En Agosto de 1987 tuvo lugar una activación planetaria masiva, la así llamada Convergencia Armónica. Siete planetas se encontraban en el signo de fuego y muchas personas espirituales pensa-

* Véase el glosario final.

ron que la madre Tierra reaccionaría ante su consciencia y creatividad con tal de que se reuniesen bastantes personas en los sagrados lugares de poder. Aquella «reunión» supuso un cambio de sentido que reconducía la humanidad a sus orígenes. Cientos de miles de personas del mundo entero fueron parte de esta activación planetaria y comenzaron a despertar. Se levantó una increíble ola de enseñanzas, libros sobre enseñanzas espirituales, grupos, seminarios, talleres y cursos. En todo el mundo hubo gente que despertó y que comenzó a recordar su potencial interno.

Este momento clave ya fue previsto por los mayas y los aztecas en su calendario. Tuvo la configuración planetaria y astral correcta para posibilitar y efectuar una activación global de consciencia. El Calendario Maya* dice además que en el año 2012 nos encontraremos al final de un ciclo de 26.000 años, un punto, en nuestra manera de contar el tiempo, de especial importancia.

Estos cambios a nivel mundial tienen como consecuencia para la humanidad que nuestro ADN se esté modificando lentamente y que seamos capaces de hacer muchas más cosas que hasta ahora. Muchos más niños índigo que en la generación anterior ya vienen a este mundo con un ADN modificado. Si realmente es cierto que tienen más filamentos del ADN activados, entonces sería posible que tuviera lugar lo que los investigadores llaman «mutación espontánea», es decir, una repentina modificación genética. Todos viviremos para ver cómo la Tierra recupera de nuevo su campo energético femenino e intuitivo de amor incondicional y compasión, brindándonos una vida de libertad espiritual.

Los portales energéticos se están abriendo, de momento sólo a nivel sutil, pues aún tendrán que pasar algunos años hasta que también sean perceptibles en ámbitos físicos más densos. En 1989, muchos se dieron cuenta de que realmente había tenido lugar un cambio en muchas personas, se veía al mundo con otros ojos. (En Alemania, por ejemplo, cayó el muro de Berlín.) Desde 1992 se nos inunda literalmente con mensajes e informaciones extrasensoriales de las filosofías de la New Age.* Todo esto está sucediendo de forma tan concentrada que muchos ya han perdido la perspectiva, los árboles más cercanos les impiden ver todo el bosque.

*Véase el glosario final.

La auténtica posibilidad que nos brinda la Tierra se puede reconocer ahora cada vez más claramente: ascender, volver a casa y trascender la dualidad,* algo que el ser humano anhela desde hace mucho tiempo y que sólo puede experimentar si integra las enseñanzas espirituales. Ha llegado el momento de liberarnos de viejas convicciones y del pasado. Nos merecemos esta elevación de la frecuencia vibratoria y ahora se trata de seguir evolucionando. Es por ello que han venido los niños índigo. Son nuestro regalo y merecemos su presencia, ya que ellos nos guiarán por el proceso de la ascensión como auténticos maestros espirituales.

Nuestro planeta se está moviendo actualmente hacia una época llamada «transformativa» en la cual se supone que se activa el Ser para que despierte y que pueda tener lugar un nuevo conocimiento. Este despertar se basa en el reconocimiento de que no se trata de seguir a alguien sino de hacerse uno con la Consciencia Crística, con aquello que nosotros llamamos Dios. Gente de diferentes culturas y religiones se reunirán por caminos distintos y dejarán de estar separados. Al reforzar la relación individual con la Consciencia Crística, se crea la unidad y la armonía. Unidad significa que cada uno será lo bastante fuerte como para respetar su propia individualidad y podrá asumir todos los demás reflejos de la eternidad. Cada uno que existe tiene una razón divina para ello. Cada ser vivo está aquí en el mundo por decisión propia, está aquí por que quería estar aquí.

Para llegar a expresar el plan divino en su totalidad es sobre todo importante que cada individuo aprenda a desplegar toda su divinidad. Cada uno puede ser comparado con una pieza de un rompecabezas que tiene su sitio dentro del Todo. Nuestro cometido consiste en realizarnos a nosotros mismos según el plan de nuestra alma y el universo nos apoyará en todo momento. Cada persona tiene su propia frecuencia, canta su propio tono, compone a lo largo de su vida su propia canción. Cuando nosotros, los adultos y los niños, aprendamos a cantar nuestras canciones juntos, sonará un gigantesco coro plenamente armónico.

*Véase el glosario final.

2. El cometido espiritual de los niños índigo

El cometido espiritual de los nuevos niños, al igual que el de los niños índigo, es múltiple y difícil. Mientras estoy escribiendo este libro, los niños aún son jóvenes. Primero tienen que crecer, desplegar y estructurar su individualidad y personalidad para que puedan asumir físicamente, como adultos jóvenes, sus auténticas tareas y hacer que éstas sean visibles para todo el mundo. Su campo energético específico con su típica frecuencia vibratoria alta y sutil, forma una parte importante de su cometido espiritual. Sin embargo tienen muchas más tareas que realizar aquí, en este planeta.

Los nuevos niños son nuestro futuro. Están aquí para ayudarnos en la resolución de las dificultades de la dualidad* para que podamos emitir una vibración más elevada de amor. Es entonces cuando, unidos, podremos reconvertir nuevamente la Tierra en un planeta sano y verde en el cual todos los pueblos puedan convivir en paz y armonía. Sus hijos y nietos serán los nuevos pacifistas del mañana. Uno de sus cometidos más importantes es lograr un cambio en la Tierra, abrirnos los ojos al hecho de que estamos tolerando muchas cosas pertenecientes a un sistema caduco que no nos gusta y que no necesitamos en la Nueva Era. Las cuestiones de democracia e igualdad y cómo las vivamos, serán más importantes que nunca. Renacerá una nueva paz mundial que abrace a todos, absolutamente a todos los países, pueblos y seres. ¡Este es el anhelo más profundo de nuestros corazones, ya sean jóvenes o viejos, pequeños o grandes, blancos, negros o amarillos, niños índigo o adultos!

Los cometidos espirituales más importantes de los niños índigo

✔ Amar incondicionalmente a todo el mundo, para que vuelva a reinar nuevamente el amor «sin condiciones» en la Tierra.

✔ Brindar, debido a su frecuencia tan alta, a la humanidad y a la Tierra la oportunidad de elevar su frecuencia.

---

* Véase el glosario final.

- ✔ Extender la tolerancia en la Tierra.
- ✔ Vivir sus capacidades paranormales para que la humanidad vuelva a aceptar lo paranormal como algo «normal».
- ✔ Enseñar que todo debe realizarse para el bien del individuo y del grupo.
- ✔ Convencer a la humanidad de que existen familias del alma.*
- ✔ Conectar a sus padres con su propia espiritualidad.
- ✔ Ayudar a la humanidad a deshacerse de viejas convicciones.
- ✔ Traer nuevos métodos de sanación al planeta.
- ✔ Convencer a la humanidad para que asuma la responsabilidad de todo lo que pasa en sus vidas.
- ✔ Enseñar que la materia sigue a los pensamientos y que esto significa que nosotros mismos estamos creando el mundo y que podemos cambiarlo en el momento que deseemos.
- ✔ Reconectar a la gente nuevamente con su Yo Superior* y de esta manera volver a conectarse con su intuición.

3. Las Capacidades de los Niños Índigo

Está claro que las capacidades espirituales de los niños índigo están estrechamente ligadas con sus cometidos específicos pero individuales según el entorno vital de cada niño. Aunque los cometidos espirituales que tienen aquí en la Tierra son colectivos, las capacidades individuales de cada niño índigo son diferentes. Cada niño índigo tiene que llevar a cabo su misión vital en su propio entorno.

Aunque sus capacidades son muy amplias, se puede decir que las indicadas a continuación son comunes a todos:

- ✔ Son auténticos sanadores. Las personas recuperan la armonía, la tranquilidad y la relajación gracias a su toque.

---

* Véase el glosario final.

- ✔ Tienen una enorme capacidad de amar. Pueden irradiar tanto amor que se recupera el bienestar de inmediato.
- ✔ Captan conceptos espirituales con mucha rapidez y actúan según ellos.
- ✔ Tienen una clara consciencia interna de lo que son las verdades de la vida. Sienten lo que es correcto y lo que no lo es y luego actúan según lo que ellos sienten como correcto,
- ✔ Se comunican fácilmente con todos los seres vivos, los animales, las plantas y las piedras y reconocen lo espiritual y lo vivo que existe en todo.
- ✔ Son capaces de vivenciar y ver todo sin límites y separaciones.
- ✔ Pueden y quieren ver siempre lo bueno que hay en las personas ya que son conscientes de que cada uno procede de Dios; sencillamente quieren amar a todo el mundo.
- ✔ Siendo aún muy jóvenes saben utilizar (inconscientemente) de manera muy concreta su alta frecuencia vibratoria. (Se acercan, por ejemplo, a las personas que según su opinión necesitan energía.)
- ✔ Se preocupan por otros, defienden la justicia e intentan promover la paz gracias a su objetividad.
- ✔ Tienen una enorme capacidad de comunicación gracias a su intuición, su intercambio energético y de pensamientos y su apertura.

Cuando los niños índigo sean mayores trabajarán básicamente en todas las ramas profesionales. Tienen el don de unir la espiritualidad con la ciencia. Los últimos descubrimientos en los ámbitos de la intercomunicación (internet y telecomunicaciones) parecen hechos para estos niños. Enriquecerán, sanarán y transformarán nuestra sociedad con su mentalidad, sus ideas y su creatividad. Si consiguen establecer la honestidad y la honradez en el mundo, pondrán las bases para un crecimiento espiritual aún más amplio. Por ello, la globalización del mundo puede avanzar más deprisa mientras los seres humanos pueden encontrar más tranquilidad, paz, alegría y plenitud en la Tierra gracias a una colaboración y no «contra-colaboración». Pensar que dentro de veinte años estos niños estarán en todas partes produce una inmensa alegría.

4. ¿Por qué vienen los niños índigo ahora?

Los nuevos niños están apareciendo en grandes números en el mundo entero precisamente al final del siglo xx y al comienzo de la era de acuario. Desde 1987, la humanidad se está preparando con la colaboración de grandes maestros y seres de luz para un proceso de cambio. Este proceso es, si uno toma en serio las escrituras antiguas, gigantesco y encontrará en el año 2012 su primera culminación.

Se dice que en los últimos años, el tiempo ha comenzado a pasar más deprisa, que está implosionando y esto parece un hecho medible. El tiempo llegará a un punto en el que será tan rápido que nuestros pensamientos adquirirán forma de inmediato. Es cierto que, incluso ahora, nuestros pensamientos se están manifestando. Pero el tiempo todavía sigue siendo tan lento que no nos acordamos que nuestra vida y nuestras situaciones fueron creadas en su momento por nuestros propios pensamientos.

La frecuencia energética del ser humano, de la Tierra y de nuestro tiempo están en medio de un proceso de transformación increíble para así lograr una espiritualidad auténtica. Además, poco a poco estamos viendo que la expresión (que estamos redescubriendo) de amor y compasión hacia nosotros mismos y hacia los demás está activando automáticamente más filamentos de nuestro ADN, mientras están sucediendo al mismo tiempo adaptaciones de nuestro complejo sistema inmunológico. Este sistema ha funcionado hasta el momento de una manera polarizada reconociendo el Ser como algo opuesto. El sistema inmunológico ha funcionado protegiendo al Ser de los intrusos «enemigos». Lo que está sucediendo actualmente es que el Ser se puede liberar gracias al proceso de ascensión* y puede vivenciar la colaboración y la aceptación en lugar de la competitividad. Si

* Véase el glosario final.

regalamos a nuestro potencial interno la atención que se merece podemos tener la fuerza para modificar lo que haga falta en nuestro mundo. Juntos podremos, entonces, crear el tan anhelado paraíso en la Tierra y experimentarlo en la realidad.

5. Mensajes espirituales

La humanidad ha firmado un contrato del alma con los niños índigo

En este punto me gustaría transmitir un corto mensaje espiritual de los niños índigo que he recibido de dimensiones superiores. Nosotros, los seres humanos, tenemos la posibilidad de recibir informaciones de las más diversas dimensiones: podemos leerlas en los libros y periódicos, escucharlas en una conferencia etc.; pero también podemos recibirlas de niveles espirituales y este proceso se suele denominar «canalización». He recibido los mensajes transmitidos aquí de la energía colectiva del nivel del alma de los niños índigo. Los cambios de «nosotros» a «vosotros» y «ellos» se producen porque aquí hablan con nosotros aquellos que aún no han nacido refiriéndose a sus hermanos y hermanas ya encarnados.

La era de los niños índigo

Os amamos y nos alegramos con vosotros que por fin haya llegado el momento en el que los nuevos niños, estos seres radiantes, han empezado a visitar en mayor número a vuestro amado planeta. Anteriormente no fue así, los niños, los así llamados "precursores", que en el tiempo lineal han venido antes a la Tierra encontraron un entorno rígido y tuvieron que caminar a escondidas, sin gran ayuda por parte del mundo exterior. Esta época se acabó. Los niños índigo se diseminarán por los cuatro puntos cardinales y se harán notar y... serán ruidosos.

Los cambios planetarios están colaborando en la aceleración de procesos vitales, y en un proceso de transformación, si nos permitís expresarlo de manera más directa, de mutación que está teniendo lugar. La vida es cambio y movimiento y eso no es nada nuevo. Pero ahora es posible un insospechado proceso de transformación. Esto ha tenido una influencia especial sobre la naturaleza de estos niños que comenzaban a encarnarse a finales de los años ochenta. Los niños son vuestro futuro. Ellos son vuestros maestros y consejeros. Os guiarán a través de las dificultades de la dualidad hacia una vida llena de paz y alegría. Estos niños traen consigo un talento muy especial y un regalo enorme para el mundo: un nivel de amor, de conocimiento y de recuerdo que antes no era posible ya que las vibraciones del planeta se encontraban aún en un nivel energético demasiado bajo. Estos niños son la siguiente «ola», ellos son vuestros maestros y mentores. Una vez adultos traerán al mundo a niños que vibrarán en una frecuencia superior y se les conocerá como los «promotores de la paz mundial de la Nueva Era». Será una ola realmente grande de maestros para el planeta.

Prestad atención a la siguiente generación de niños, serán seres de luz altamente evolucionados, vienen para servir a la humanidad e irradian una gran alegría y un amor inmenso. Traerán consigo una gran sabiduría espiritual y os guiarán durante vuestra siguiente fase de evolución siempre y cuando os decidáis a permitir que os ayuden. ¡Debéis abriros a la oportunidad, la habéis deseado tanto! ¡Permitídlo! Éste es el plan que habéis elaborado juntos antes de encarnaros en la Tierra. Recordad este plan. Despertad y dejad que el plan se realice. Recordad que ellos no tienen cabida en las viejas estructuras, no les obliguéis, no cabrán y se desesperarán. Vienen a este mundo con nuevas codificaciones superiores y la vida en este planeta supone una experiencia totalmente nueva para ellos. Recordad que los niños nacen a través de vosotros pero no os pertenecen. A nivel del alma habéis suscrito un contrato para que estos seres puedan encontrar el camino a la Tierra a través de vosotros. ¡Pero no os pertenecen! Necesitan reglas y leyes diferentes a las que os servían a vosotros en vuestra época infantil. Ellos tienen una vibración más alta y más sutil que la que tuvisteis vosotros en vuestra juventud. Como seres humanos tenéis el hábito de transmitir vuestros sueños y expectativa a vuestros hijos. ¡No lo hagáis! No esperéis que estos niños cumplan vuestros sueños. ¡No lo harán! Ellos tienen sus propios sueños a cumplir.

Para vosotros, los padres, es importante que reconozcáis que estos niños son únicos. Vienen a vosotros con sus propios talentos, programas, sueños y potenciales. Cada uno de ellos tiene su particular personalidad. Cada niño ha venido a este planeta para desarrollar su potencial y para comenzar a «servir».

Os llevarán a la desesperación y nuestro mensaje para vosotros es: tened claro que están aquí para provocar un cambio en el planeta y que todos los cambios son dolorosos, ya que hay que soltar lo viejo para que pueda llegar lo nuevo. Una vez que lo viejo se haya roto, lo nuevo puede empezar florecer.

Estos niños vienen con tareas y cometidos específicos y aunque reconozcan a muy temprana edad su razón de ser, siguen existiendo velos entre los niveles físicos y espirituales. Vuestra tarea consistirá en apoyarles y animarles para que hagan lo que es correcto. A ellos les hace falta su propia experiencia, pero os necesitan a vosotros para acompañarles en esta tarea. De alguna manera, estos niños no conocen los límites y necesitan de vosotros que les marquéis líneas y estructuras claras que les sirvan de orientación. Amadles incondicionalmente y con esto queremos decir: ¡Sin condición alguna! Necesitan vuestra guía y vuestro acompañamiento para reconocer su misión de vida. Necesitan ideales fuertes que les sirvan de orientación y podéis estar seguros de que os los exigirán.

La fuerza de los pensamientos

Os amamos y os saludamos: por media de la calidad de los pensamientos, los sentimientos, las emociones y convicciones se puede lograr un cambio en los diversos cuerpos. Pensamientos, sentimientos y emociones son llaves que se utilizan para modificar la carga bioeléctrica de las células. Cada célula funciona dentro de un determinado ámbito de frecuencias que se puede modificar tanto hacia arriba como hacia bajo. Mientras uno tiene una experiencia hay una emoción o un sentimiento que entra en contacto con esta experiencia. Una parte de este sentimiento es la carga eléctrica actual de los pensamientos. Una modificación de los pensamientos provoca un proceso químico en el cuerpo que influye el nivel de la vibración celular. De este modo funcionan por ejemplo las afirmaciones positivas (imágenes del pensamiento).

El ser humano es capaz de modificar su ADN gracias a su intención y los hijos pueden heredar este nuevo ADN. La intención de la humanidad ha cambiado mucho en las última décadas y esto, a su vez, ha modificado el futuro y el camino de la evolución. De esta manera también se modifica el género humano que nace en la Tierra. Mientras las energías terrenales se transforman, los humanos pueden desarrollarse espiritualmente. El ejemplo son los niños índigo que vienen al mundo con una «capa» espiritual. Aunque todavía tienen su dualidad vienen con ideas mucho más claras que la que teníamos nosotros en su día, ellos saben con mucha más precisión quiénes son y cuál es su tarea. El ADN de estos nuevos seres ha mutado. Ellos tienen más posibilidades que la generación anterior de descubrir quiénes son de verdad. Se podría afirmar que, debido a nuestra intervención, tienen un ADN diferente. Su intención será más poderosa y lograrán una transformación global. Y, aunque nuestra intención haya modificado la suya, tendrán que enfrentarse a retos para preparar su ADN para una transformación mayor, ya que la ascensión es un proceso continuo de pasos pequeños, pero también de pasos más grandes.

El mundo se encuentra ante un cambio gigantesco. Este cambio está relacionado con los cambios magnéticos de la Tierra, algo que se puede medir científicamente. ¿Es posible que nuestro ADN esté reaccionando ante los cambios del medio ambiente que tienen que ver con la fuerza de atracción terrestre y la frecuencia? ¿Es posible que de esta manera se estén creando nuevas antenas gracias a las cuales la humanidad puede vivir en perfecta resonancia con Todo Lo Que Es? Son preguntas intrigantes que seguramente encontrarán sus respuestas en el futuro.

La presencia del «Yo Soy»

El proceso que está en marcha actualmente en el planeta hará que los seres humanos se topen con los límites de su resistencia física mientras se les exige soltar la «vieja energía» que ya no sirve como su mayor bien. También el proceso de mutación se está acelerando gracias a la unanimidad consciente o inconsciente. La humanidad está soltando sus impulsos humanos negativos, sus manías y sus limitaciones mientras está integrando todos los aspectos del Ser en una maestría plenamente consciente en el nivel físico. Se está redescubriendo el ser espiritual de luz que existe en todo cuerpo humano.

Y justo en este momento aparecen los niños índigo. Antes de iniciar la gran aventura que es la vida, cada Ser ha dejado su vestido de luz al cuidado de la presencia «Yo Soy» y ha permitido al mundo espiritual que una parte se su verdadera identidad sea borrada del banco de datos de su memoria. Sólo una parte muy pequeña del talento y de la sabiduría de cada uno se ha mantenido en cada una de las encarnaciones mientras la parte restante se ha quedado almacenada en el corazón de la presencia «Yo Soy».

El ser humano, como cocreador, ha colaborado con gran alegría y diversión en el desarrollo del planeta Tierra. Ha experimentado en todos los ámbitos y ha adquirido experiencias. Sin embargo, cuando la Tierra y la humanidad se aproximaban cada vez más a las frecuencias más densas de la tercera dimensión, la vida se convertía en algo doloroso y difícil y muchos se han visto apoderados del miedo, de la ira, del enfado y de un sentimiento de separación. Desde hace miles de años la humanidad sobrevive de esta manera. Pero ahora existe en la Tierra un número suficiente de personas dispuestas a emprender su viaje de vuelta «al hogar». Cada uno está capacitado para traspasar los velos de la ilusión e ir hacia la radiante luz de la verdad. Cada uno es un resplandeciente Ser divino, una chispa pura de Dios.

Todos los aspectos de la creación terrenal están a punto de despertar, tanto el reino mineral como el animal además de los devas*

---

* Espíritu de las plantas.

y reinos de los elementales. Habrá una reunión en los mundos espirituales superiores, pero también aquí en este planeta tendrán lugar muchas reuniones. Muchos se están reencontrando con miembros de su familia del alma, con compañeros del alma y con grupos del alma con los que emprendieron juntos el viaje al principio de los tiempos. Estas reuniones son regalos que la humanidad se merece y los niños índigo forman parte de ellos.

Llamar a Dios por teléfono

Los niños índigo dicen: «Ahora vamos a hablar del proceso de la sincronicidad.* Es realmente importante aprender que, cuando una situación conmueve a una persona, primero intente recordar y detenerse para ver cómo se siente. A través del sentir es capaz de activar viejas sincronicidades que ayudan a dar los pasos correctos a lo largo de la vida. Después es importante utilizar el cerebro para observar e investigar el tema bajo el prisma de todas las perspectivas. El cerebro contiene un banco de datos fantástico que va mucho más allá del campo energético del ser humano. Al cabo de unos días el ser humano se dará cuenta de sincronicidades que le indicarán cómo reaccionar. Mientras el ser humano «escanea» su realidad con la ayuda de sus sentimientos y su banco de datos mental, sus guías activarán las sincronicidades que tienen su origen en muchas dimensiones. Le mostrarán el siguiente paso que debe dar en su camino. Muchas personas han elegido recordar en esta vida sus patrones energéticos únicos de sus almas, han elegido recordar sus mónadas** y su misión vital. Es importante aplicar la voluntad para no quedarse en el camino y tomarse todo el tiempo necesario para comprender los propios patrones. Patrones que no fueron expresados en muchas vidas vividas con anterioridad.»

---

* En griego: *sunchronus, sun* = unido y *chronus* = tiempo. Expresión y concepto (C. G. Jung) con los que se describen sucesos que ocurren al mismo tiempo y a los que les une un mismo sentido. No es la cadena de causa-efecto.
** Véase el glosario final.

El tiempo es adecuado y los niños índigo pueden servirnos a todos como ejemplo. Cuando estos niños se encuentran en una situación difícil, primero intentan sentirla. Con frecuencia necesitan un poco de tranquilidad después de que se les haya dicho algo o después de haber llegado a una situación nueva para ellos. Chequean automáticamente sus sincronicidades y luego actúan en consecuencia. Son conscientes de su conexión con las dimensiones espirituales y de sus guías y por ello reciben rápida y fácilmente toda la información.

Un niño pequeño que estaba totalmente consciente de esta conexión siempre decía a su madre cuando necesitaba un poco de espacio para respirar: «Mamá, primero tengo que llamar por teléfono a Dios antes de decirte lo que quiero.» Se tomaba su tiempo para sintonizar con sus sentimientos y para encontrar la respuesta en su interior.

La espiritualidad auténtica

Los niños índigo han venido para adentrarse junto con nosotros en un tiempo nuevo de auténtica espiritualidad. ¿Qué se entiende por espiritualidad auténtica? Un ser humano conectado con su Yo Superior*, conoce la belleza y la verdad de todas las religiones y es consciente que espiritualidad no tiene nada que ver con dogmas, códigos éticos y una moral rígida. La espiritualidad trasciende todas las religiones y conecta cada alma con su propia verdad divina. La espiritualidad ama y abraza la vida, no juzga a nadie ni rechaza a nadie.

El espíritu obra según las leyes sagradas universales que son inamovibles. El núcleo de estas leyes es el amor, el amor hacia sí mismo y el amor por toda las criaturas divinas. La espiritualidad no es igual a la percepción extrasensorial como por ejemplo la capacidad de la visión interior, la clarividencia, la clariaudiencia o la telepatía. Estas capacidades son el derecho innato de la humanidad. Por desgracia fueron olvidadas y se han debilitado. La percepción extrasensorial volverá de manera

* Véase el glosario final.

natural cuando se vuelva a reunir con la parte espiritual propiamente dicha.

Una espiritualidad auténtica supone: abrazar lo bueno que hay en todas las religiones y seres humanos y permitir que estos expresen su espiritualidad a su manera e individualmente. Significa darse cuenta de lo divino que hay en todo ser humano, en todo animal y en todas las creaciones y significa también abrirse a los atributos maravillosos del creador que se convierten entonces en ejemplos para otros. El tiempo es perfecto y hay un gran número de niños índigo aquí para ayudar en ese proceso. La sintonización con la presencia «Yo Soy» y con la propia fuente divina de nuestro interior permite que la espiritualidad irradie de todo ser humano y que el espíritu se ancle en la Tierra.

capítulo siete

✦ ✦ ✦

Historias índigo

1. Expectativas erróneas

Elfie Walther-Weissmann, madre de una niña índigo de 18 años cuenta:

«No siempre sucede que los niños índigo sean extremadamente inteligentes y llamen la atención debido a algún talento extraordinario. Cuando tienen talentos, los entienden por regla general como algo absolutamente normal y natural y no tienen muchas ganas de medirse en cualquier competición para conseguir algún premio por ellos. Cuando los padres intentan abusar de los talentos de sus hijos para satisfacer sus propias ambiciones, entonces estos niños, por regla general, se defenderán. Ellos tienen un buen olfato natural para detectar lo que procede de su propia motivación y lo que se les quiere "colocar" desde fuera. Cuando hacen algo que no tiene su origen en su propia alegría y motivación, entonces se defenderán pronto e intentarán eludir de alguna manera la presión. Cuando se trata solamente de algún entretenimiento como tocar algún instrumento o esquiar, la cosa no tiene mayor importancia. Es mucho más difícil cuando un niño así rechaza, por ejemplo, el colegio y todos los intentos para motivarle no dan el resultado deseado. Los niños índigo son, por regla general, muy sensibles, fáciles de herir y a pesar de toda la autoestima que suelen tener desde una edad muy temprana, permiten que se les intimide rápidamente cuando son jóvenes o se sienten injustamente rechazados o juzgados. Un rudo empujón de un compañero de clase puede tener como consecuencia que el niño deje de interactuar con otros niños. Un único comentario crítico de la profesora que en realidad sólo quería despertar un poco de ambición, es sentido como algo tan humillante que el niño a partir de entonces se cierra en banda y no quiere saber nada ni de la profesora ni del colegio.

»Los niños índigo no son para nada pequeños y encantadores seres de luz que no hacen otra cosa que irradiar felicidad y alegría sino más bien pequeños seres extraordinariamente difíciles que protestan por todo a voz en grito ya que tienen una voluntad propia muy marcada. Pueden meterse en su habitación llenos de indignación y enfado y cerrar la puerta con llave si la madre se permite tener una opinión diferente o tal vez les riña por algo o, peor aún, si muestra alguna exigencia como por ejemplo recoger la habitación o hacer los deberes. Con frecuencia los niños índigo se ven a sí mismos como la autoridad y por ello una relación entre padres e hijos en el sentido habitual es prácticamente imposible. Como una madre espiritual, que quiere criar a su hijo con amor y comprensión, es sorprendente con qué facilidad se topa una con los límites de las propias posibilidades. Estos niños tienen, a pesar de su sensibilidad y vulnerabilidad, una fuerza y un poder interior increíbles y cuando entienden que es el momento, lo ponen en práctica. Argumentan con mucha lógica y muy seguros de sí mismos y el mero hecho de que uno tenga en esta vida treinta años más de experiencia les importa poco.

»Hasta la fase de la pubertad suelen ser niños muy cariñosos y apegados y tienen una enorme necesidad de ser aceptados y de seguridad. Independientemente de las rachas en las que están aburridos, airados o descontentos, en las que no se encuentran bien en su entorno o en su pellejo (tienen con frecuencia catarros con tos y rinitis, les duele la tripa o tienen problemas cutáneos como por ejemplo eccemas) son niños que, con amor, comprensión y paciencia, son relativamente fáciles de guiar. Por regla general saben explicar sorprendentemente bien lo que no les gusta, pero el problema es que a veces son cosas que no se pueden cambiar o tal vez no se quieran cambiar.

»Las auténticas fases difíciles comienzan frecuentemente cuando el niño llega a la pubertad. Es una época que suele llegar muy pronto, incluso cuando tengan apenas diez años. A partir de entonces la convivencia diaria puede convertirse en un oficio de alto riesgo, una pelea diaria o, dicho de otra manera, en una lucha de poderes. Como madre o también padre uno se topa una y otra vez con sus propios límites, los límites de la comprensión, de la empatía, del arte de convencer y de la paciencia. Y cuando todo esto ya no sirve y uno finalmente dice lo que hay que decir, es fácil que tampoco esto sirva de nada. Esto puede conducir a pesadas e interminables conversaciones en las que se buscan soluciones que sean aceptables para todos. Estos niños son tan listos que una tiene que tener todas las antenas puestas para no quedarse en el camino. La parte positiva de estas conversaciones demoledoras es que se aprende mucho, ya sea como madre o como padre.

Debido a que yo misma padecí en mis años jóvenes todas las inhibiciones y prohibiciones habidas y por haber, además de otras limitaciones y órdenes, yo quería dar a mi propia hija más libertad, más derecho de opinión y quería apoyarla para que tuviera una autoestima más fuerte de la que yo tuve en su momento. Quería dar a mi hija más espacio, permitirle sus propias experiencias individuales para que pudiera desarrollar una confianza en su propio poder creativo. Quería que supiese en su fuero interno que podía confiar en su propia fuerza y en sus propios talentos, que no tenía que someterse o hacerse dependiente por miedo o inseguridad, sólo para poder sobrevivir o para conseguir la aceptación social. Quería que supiese que es perfectamente normal ser «diferente» que otras personas, y quería que tuviese valor y confianza suficientes para vivenciar el potencial completo de este «ser diferente» sea este lo que fuese.

»Quería ayudar a mi hija con mucha empatía, amor y paciencia para que supiera moverse en este mundo terrenal tan difícil y quería que se diera cuenta de cuántas perspectivas diferentes existen desde las cuales se pueden ver las cosas. Quería que mi hija aprendiese a ser tolerante con respecto a otras personas, sin dejar de seguir siendo fiel a la propia verdad. Pero esto era mi deseo, mi expectativa, mi imaginación de lo que significa ser comprensible y tolerante. Con mucha frecuencia tuve que reconocer que mi hija era en realidad mucho más tolerante que yo. Ella frecuentaba durante años a jóvenes que no se podían calificar precisamente de «buena compañía». Yo vivía en un continuo «ay» entre «poder aceptar y poder confiar en mi hija» y «sentir rabia porque no quería aceptarlo y tenía miedo a perder el control». Era un tiempo muy, muy duro ya que la mayoría de las cosas que yo podía decir o hacer fueron rechazadas o simplemente desoídas. Hoy en día entiendo aquella época como una fase en la que mi hija rehusó mi influencia de esta manera para demostrarse a sí mima que era fuerte e independiente y para enseñarme a mí que mis cuidados, miedos y reticencias la sacaban de quicio.

»Gracias a mi hija he vuelto a encontrarme una y otra vez con mis propios límites: mis inseguridades, mis miedos, mis expectativas con respecto a ella. Una y otra vez me vi forzada a analizar más a fondo mis propios sentimientos: ¿De dónde viene? ¿Por qué me siento tan inquieta, irritada o retada? Me di cuenta que todavía llevaba mi propia educación como una carga sobre mis hombros. ¡Todavía estaba encarcelada en las normas, que me impusieron siendo niña y jovencita y que no me permitieron ni el más mínimo espacio para un desarrollo individual, que me daban la sensación de ser débil, impotente, dependiente e insignificante! De manera que todos estos años he peleado contra las expectativas, exigencias, intervenciones y normas de nuestro entorno ya que quería que las cosas fuesen más fáciles para mi hija de lo que fueron para mí. Pero no es fácil pelearse constantemente con la sociedad y el entorno. No importa si es el parvulario, el colegio, o la asociación deportiva, nuestros hijos están viviendo desgraciadamente en un sistema que se basa en la presión, la competitividad, la rivalidad y, con frecuencia, en la manipulación. De esta manera los niños no aprenden a trabajar conjuntamente y a favor de los demás sino que aprenden a trabajar en contra de los demás. Aprenden a luchar el uno contra el otro, a engañarse los unos a los otros, a rebajar al otro y a aprovecharse del otro.

»Deseo de todo corazón que esto cambie algún día. Que la próxima generación de niños índigo, que está naciendo ahora, ayudará a que las personas dejen de engañarse los unos a los otros y que no se peleen entre ellos sino que se ayuden los unos a los otros y se apoyen mutuamente. ¡Mi hija tiene ahora 18 años –sobre el papel– es una adulta que ha finalizado su fase de pubertad y una nueva fase de madurez ha comenzado, algo que agradezco de todo corazón!»

2. Proyectos nuevos: Free the Children

Existen muchos ejemplos de niños que traspasan todos los límites y que han descubierto su misión de vida muy pronto. Niños que con 12 años han fundado su propia empresa de ordenadores, que defienden a sus compañeros realizando una auténtica labor social o niños extraordinarios como es el ejemplo de Craig Kielburger.

Craig Kielburger tiene ahora diecisiete años, vive en Canadá y es el fundador de la organización internacional *Free The Children.* Esta organización tiene miembros asociados en más de veinte países del mundo. Su misión y visión es liberar a niños de todas partes del mundo de la pobreza y explotación. Anima a gente joven a convertirse en directores nacionales o internacionales de su sociedad o grupos étnicos para participar en esa visión.

Craig comenzó a ocuparse activamente de otros niños cuando tenía 12 años, después de haber leído un artículo en el periódico sobre el asesinato de un niño en Pakistán. Aquel niño fue vendido como «esclavo» para trabajar para los tejedores de alfombras. Craig reunió un grupo de amigos y de esta manera se creó una enorme red que se ocupa de los derechos de los niños. Craig viaja por todo el mundo visitando a niños que viven en la miseria. Da conferencias, funda proyectos en todos los sitios que visita y defiende en cada uno de estos países una mejor calidad de vida, y lo cierto es que tiene mucho éxito. Algunos de los proyectos son por ejemplo la apertura de colegios o centros de rehabilitación para jóvenes o la creación de nuevas fuentes de ingresos para familias pobres para liberar de esta manera a los niños de un trabajo peligroso.

Esta organización también crea muchos programas cuyas metas consisten en unir a niños y jóvenes a nivel internacional. Intenta, y muchas veces con éxito, convencer a las industrias para que observen determinadas leyes referidas al trabajo infantil. Convence a los gobiernos para que modifiquen las leyes para que los niños estén mejor protegidos de la explotación o prostitución infantil. Craig ha recibido en los últimos años muchísima publicidad en los medios de comunicación. La CNN emitió en los EE.UU. y en Europa una película de 60 minutos sobre su vida y su libro *Liberad a los Niños* se está traduciendo actualmente a diversos idiomas. Él seguramente es un buen ejemplo para padres y niños de lo que se puede conseguir cuando confiamos en nuestros niños y les dejamos hacer lo quieren y tienen que hacer.

capítulo ocho

Ejercicios índigo

1. Cargar energía

Siéntese con su hijo en un lugar tranquilo donde nadie le vaya a molestar. Ponga una música suave y encienda una vela. Siéntese enfrente del niño en el suelo o en una silla. Lo importante es que el niño esté sentado recto con la columna erguida para que la energía pueda fluir libremente. Cierre sus ojos y comience junto a su hijo el siguiente viaje imaginario:

«Imagínate que en la planta de tus pies existen flores muy grandes. Lleva tu imaginación a estas flores y deja que las flores se abran. Se abren hoja por hoja y tú lo observas. Desde las flores que ahora hay en la planta de tus pies, salen raíces que llegan hasta el centro de la Tierra. Mira bien estas raíces y viaja en el interior de ellas hacia abajo. Dime cuando hayas llegado abajo. Espere ahora la señal y sólo cuando el niño se la haya dado seguirá. «*Imagínate que la madre Tierra te regala mucha energía y sube a través de las raíces hacia arriba hasta llegar a tus pies. Observa esta energía. Cuando haya llegado a tus pies deja que fluya a través de ellos hasta las piernas y hasta tu abdomen. Vuelve a mirar la energía y observa cómo te sientes. Esta energía ¿Es cálida? ¿Es fría? ¿Produce hormigueo o cosquillas?»*

Espere una y otra vez. Es importante hablar lentamente y adaptarse al ritmo del niño. Sobre todo, cuando hace este ejercicio la primera vez debería dejarse guiar por el niño. Más adelante hará este ejercicio solo y tardará sólo unos minutos. También puede preguntar al niño de vez en cuando dónde está en cada momento y hasta qué punto la energía ya ha llegado a su abdomen. Luego prosiga:

«Deja ahora que la energía fluya hacia arriba hasta tu espalda. Desde la espalda va hacia delante, hacia tu pecho tus hombros y a través de tus brazos hasta las manos. Fluye a través de tus músculos y nervios. Hazme nuevamente una señal cuando haya llegado a la punta de tus dedos.» Sólo cuando haya recibido esta señal continuará:

«Siente cómo la energía fluye a través de tu nuca al cuello y hacia la cabeza. Simplemente deja que la energía fluya por tu cabeza mientras tú prestas atención a la flor que hay encima de tu cabeza.»

Haga una pausa. Luego siga hablando tal como se indica a continuación:

«Desde esta flor sube una cuerda hacia arriba, muy arriba, hasta el cielo donde vive la luz. Sigue con tu ojo interno hasta que hayas llegado hasta el final de la cuerda y veas una luz muy grande y brillante. Hazme una señal cuando hayas llegado.»
Vuelva a esperar hasta que el niño le dé la señal antes de seguir.
«Pide a esta luz que te envíe su energía a través de la cuerdo hasta tu cabeza... Siente cómo fluye a través de la cuerda hasta llegar a tu cabeza. Tu cabeza ahora está llena de esta energía. Esta energía es distinta a la de la Tierra. Observa cómo se siente. Esta energía ¿Es cálida o fría? ¿Produce hormigueo o es muy ligera?»

«Esta energía fluye ahora por todo tu cuerpo y cuando haya llegado a tus pies, fluye a través de la flor y por las raíces hacia la Tierra. Deja que la energía fluya durante unos minutos y obsérvala.» Espere unos minutos y cuando tenga la sensación de que el niño quiere terminar diga: *«Ahora vuelve a cerrar las flores que hay en tus pies y la flor encima de tu cabeza para que la energía se quede en tu cabeza y no se escape.»*

Cuando el niño haya realizado este ejercicio unas cuantas veces, él solo podrá conectarse con estas energías. Este ejercicio produce un fuerte enraízamiento y da al niño la sensación de formar parte de todo, algo que en definitiva es así. –¡Para los padres este también es un ejercicio energético estupendo cuando no se sienten centrados o enraizados o cuando están agotados y ya no pueden más!– En caso de que tuviera dos puntas de cristal de cuarzo del mismo tamaño (aprox. 3-5cm), el niño puede coger una en cada mano durante el ejercicio. La punta de cuarzo debería apuntar en la mano izquierda hacia la muñeca y la de la mano derecha hacia la punta de los dedos. El cristal de cuarzo apoya al cuerpo emocional y al circuito eléctrico del cuerpo y el ejercicio de cargar energía fluye mejor y más intensamente.

2. Respirar colores

Deje que su hijo elija intuitivamente un color que entiende que le viene bien. Después siéntese con él en un lugar tranquilo donde nadie les molestará. Ambos realizarán el ejercicio una vez que se lo haya explicado claramente a su hijo.

Relájese y respire hasta el abdomen tranquila y profundamente doce veces. Siga conscientemente el camino de la respiración y retenga por un momento el aire en su abdomen. Luego, exhale conscientemente. Aprenda a reconocer su ritmo respiratorio. Cuando domine la respiración lenta y consciente, se sentirá pronto relajado y se podrá concentrar en el color.

Respire ahora el color elegido: imagínese que el color recorre su boca y su traquea, pasa por su diafragma, por el plexo solar (alrededor del ombligo) hasta llegar al abdomen. Ahora retenga un poco la respiración, cuente hasta cuatro, y exhale el color lenta y conscientemente. Puede extender la respiración de color a todos los órganos. Incluya el corazón, el hígado, los riñones, el bazo, el intestino y los órganos reproductores. También conviene dirigir el color hacia la columna vertebral.

Lo mejor será que haga este ejercicio unas cuantas veces antes de explicárselo a su hijo animándole a utilizar el color deseado de forma creativa. Le puede decir por ejemplo: «El color emprende un viaje a través de tu cuerpo y visita todos los lugares que no son felices», o «Imagínate que el color colorea todos los lugares enfermos de tu cuerpo para que sanen cuanto antes.» Permita que su fantasía le guíe y ocúpese de que su niño se divierta con este ejercicio. Pronto será capaz de realizar este ejercicio solo cuando esté en una situación difícil.

3. Equilibrar el aura con un cristal amatista

Este ejercicio ayuda a que el niño se vuelva a sentir «entero». Su efecto es rápido y eficaz y es fácil de poner en práctica. Este tratamiento también se llama «escanear» el aura o armonizar los chakras. Procede de la terapia con cristales y a veces puede hacer auténticos milagros ya que la amatista equilibra el aura inmediata y suavemente. No obstante, es un trabajo que es más adecuado para que lo realicen personas que ya tienen un poco de experiencia con piedras preciosas.

Para ello necesita una amatista, lo mejor es un trozo de una drusa o rosa de amatista.

El niño debería estar sentado en una silla. En cada mano se le coloca una punta de cuarzo de 3-5 centímetros. Es importante que la punta del cuarzo de la mano izquierda apunte hacia la muñeca y la punta de la mano derecha apunte hacia los dedos. El niño debería estar sentado recto pero cómodo.

Usted coge con su mano derecha la amatista y le pone unas gotas de la esencia de Saint Germain de Aura-Soma. En la palma de su mano izquierda pone unas gotas del pomander «violeta» de Aura-Soma. Se coloca detrás del niño y dicen mentalmente o en voz alta tres veces la invocación de luz mientras coloca sus manos delante del centro de su corazón:

> *Invoco la luz crística interna.*
> *Soy un canal claro, perfecto.*
> *Me guía la luz.*

Pida permiso para realizar el equilibrio del aura y solicite la cantidad exacta de energía necesaria para este momento. Enraícese bien y conéctese con la luz divina. Es importante que tenga en cuenta que en ningún caso debe utilizar su propia energía. Coloque ahora ambas manos (sujetando con la derecha la amatista) a cinco centímetros de los hombros de su hijo. De esta manera sintoniza durante unos minutos con su energía. Espere hasta que tenga la sensación de calma y conexión.

Ahora colóquese al lado derecho de su hijo y ponga las manos a la altura del chakra corona. (En caso de desconocimiento de los chakras busque primero un libro sobre chakras y aprenda dónde está cada uno.) La mano izquierda está detrás de la cabeza y la mano derecha que sujeta la amatista se coloca en la parte anterior de la cabeza. Existiendo una distancia de unos 50 centímetros entre las manos.

Preste atención y deje que el cristal de amatista le guíe. Puede que éste se vuelva caliente y que comience a moverse. Sentirá cuándo el chakra está cargado de energía. Aparte ahora un poco las manos del cuerpo y cuando empiece a trabajar con el siguiente chakra, el tercer ojo, vuelva a acercarlos al cuerpo. Vuelva a esperar hasta que reciba la señal interna para continuar. De esta manera trabaja todos los chakras (chakra de la garganta, chakra corazón, plexo solar, chakra del ombligo, chakra raíz.)

A continuación «escanee» (esto significa que mueva el cristal a una distancia de 5 centímetros desde el lado izquierdo hacia el lado derecho del cuerpo) el lado derecho del cuerpo inclusive los pies. Luego, colóquese al lado izquierdo de su hijo y «escanee» la parte izquierda de su cuerpo. A continuación colóquese detrás del niño y «escanee» su espalda. Mientras «escanea» debería prestar atención si tiene la sensación de que debe quedarse más tiempo en un determinado lugar y quédese ahí con la amatista.

Para terminar equilibre todo el aura del niño con el cristal de amatista. Para ello comience por las orejas y termine por los pies. Es importante que trabaje de arriba hacia bajo. Vaya rodeando al niño conforme trabaje. Cuando haya terminado vuelva a colocar las manos sobre sus hombros y dé las gracias a su hijo, a la luz, a la Tierra y a la amatista por prestar su ayuda. Luego salga suavemente del campo energético de su niño. El niño puede acostarse durante unos diez o treinta minutos y descansar.

Este tratamiento se utiliza en los casos de inquietud general, hiperactividad, malestar e inquietud emocional, ataque de ira, falta de enraizamiento, etc.

4. Love & Laughter: el juego de la sonrisa

Un juego muy bonito para los niños índigo y sus familias es el nuevo juego: «El Juego de la sonrisa». Es un juego lleno de sabiduría y amor con el cual podemos despertar el niño interior de color que realmente somos. Los autores, Frederike Herrlich y Roy Howsam han diseñado un cómputo completamente nuevo y abierto para todos aquellos que crecen juntos y que quieren establecer un diálogo vivo entre ellos. El juego invita a conocerse a sí mismo y a los demás a través de la comunicación pero no con la confrontación sino a través de los colores.

En este juego no existe lo «correcto» o lo «erróneo», no hay ganadores ni perdedores ya que ofrece una convivencia creativa. Los jugadores se encuentran en puntos de ángeles y en puntos de ángeles caídos, que simbolizan a las dos partes del ser humano y pueden, mediante cartas mundiales de niños, intercambiar sus opiniones con respecto a los valores de vida. Se experimentan diferentes áreas de la vida cotidiana de las que no se suele hablar por regla general abiertamente y se eligen las cartas de colores para crear un niño de colores. Al final de juego cuando observa su niño de color, puede verse reflejado como en un espejo y recibe gracias a la interpretación de los diferentes pasos una imagen positiva de sí mismo.

Este juego quiere estimular la creatividad de los niños y de los adultos, encontrar soluciones para dificultades familiares y facilitar una comunicación abierta entre padres e hijos. Es un juego ideal para todos los ámbitos en los que se trabaja con niños como por ejemplo las escuelas, los parvularios o en la familia.

El juego permite reconocer estructuras y conductas dentro de la familia y en las relaciones con los demás como lo muestra el ejemplo siguiente que procede de la consulta de los dos autores:

«Los padres de un chico de 14 años detectaron después de media hora de jugar juntos lo que había en el trasfondo del comportamiento llamativo de su hijo que con frecuencia faltaba a clase, pintarrajeaba paredes y que era muy difícil en el trato. Estaba pendiente de que le echaran de la escuela. Lo que suponía una dificultad añadida es que el niño era hijo de un matrimonio divorciado y vivía con la familia de la madre y los fines de semana los pasaba con el padre con lo cual estaba viviendo en dos mundos diferentes. Era interesante que la primera pregunta que le tocó a la madre en el juego decía: ¿Qué haces para llamar la atención cuando alguien está demasiado ocupado para prestarte su atención? Su respuesta: "Puedo volverme bastante desagradable y algo se me ocurrirá". Esta respuesta la pasmó y empezó a ver el comportamiento de su hijo con una mayor comprensión. El color que eligió el niño mostró claramente dónde había que buscar las causas de su conducta.

»Cuando comenzó a confeccionar su tarjeta de colores con el niño, eligió tres veces el color rojo como expresión de su presión interna y de su «rabia» como él mismo lo llamaba. Por cuestiones de educación los padres querían prohibirle jugar al fútbol para que tuviera de esta manera más tiempo para sus estudios. Como es lógico, esta amenaza no mejoraba su situación. Él eligió dos veces el color turquesa lo que hacía pensar que estábamos ante un niño muy creativo que en el actual sistema educativo y en las circunstancias de su vida familiar no disfrutaba de ningún espacio para poder realizar sus anhelos íntimos. La elección del color rosa significaba que en el fondo era un ser muy amoroso, pero que no sabía cómo expresar sus sentimientos para no herir a nadie. De modo que dirigía su ira también contra sí mismo. Se encontró una solución que satisfacía a todas las partes implicadas.

»Los padres buscaron una plaza en un internado que ofrecía una gran variedad de actividades deportivas y artesanales. Además de todo esto el niño podía hablar de sus sentimientos y deseos cuando le preguntaron lo que él pensaba que los niños echan de menos en el actual sistema escolar y qué es lo se debería modificar según su criterio. Los padres obtuvieron una mayor comprensión de las necesidades de su hijo pero al mismo tiempo también la obtuvieron con respecto a su propia situación y comprendieron mejor las exigencias dirigidas a los profesores. La colaboración entre todos gracias a una comunicación abierta mostró los caminos de la solución.»

Este juego vale para 2 hasta 6 jugadores de todas las edades y reúne las lenguas alemana, inglesa y japonesa en un lenguaje universal de colores.

epílogo

◈ ◈ ◈

¿Por qué he escrito este libro?

Creo que desde el principio de mi vida se me ha ido preparando para que me dedicara a la comprensión y el entendimiento entre las generaciones, sobre todo entre los niños de la Nueva Era y todos los demás seres humanos que tienen que ver con ellos.

Cuando era joven no entendía demasiado bien al mundo. Con frecuencia pensaba que había aterrizado en el planeta equivocado y me costó mucho esfuerzo comprender la conducta de los adultos. «Soy diferente –pensé–, "veo" de manera diferente» y sentí mis antenas como una carga extraordinariamente molesta. Más adelante empecé a estudiar cromoterapia y también comencé a abrirme conscientemente a los temas espirituales y entonces me di cuenta de hasta qué punto los seres humanos estamos ligados a nuestra misión vital y su correspondiente proceso de aprendizaje. Cuando conocí hace ocho o nueve años a la americana Barbara Bowers, médium y clarividente, me dijo que yo iba a enseñar a mucha gente las leyes de la luz y que debía prepararme poco a poco para mi trabajo con la nueva generación a la cual podía entender a nivel interno. Barbara opinó que muchos azules vienen a la Tierra para ser maestros y guías para la humanidad.

Hace muchos años me encontré en América con la entidad Kryon, canalizada por Lee Carroll. Cuando escuché a Kryon hablar por primera vez en el año 1995 de los niños índigo, comenzó a brotar la semilla sembrada por Barbara. Durante aquella época recibí una y otra vez el mensaje: «¡Escribe, escribe tu historia y escribe sobre la luz!» Varias veces me retiré de mi consulta y de mis cursos para sentarme a escribir. Aunque mis cajones se llenaban con visiones excelentes con respecto al proceso de los cuerpos de luz, sobre el trabajo energético, lo divino, sobre la alimentación de luz y la consciencia humana, yo sabía que no era éste el libro que debía escribir. De modo que los cajones seguían cerrados.

Cuando estuve nuevamente en América con Kryon, en el verano del año 1999, parecía como si de repente se hubiera abierto el cielo. Espontáneamente me di cuenta de que debía trabajar con los niños de la Nueva Era y escribir un libro sobre ellos. La humanidad está esperando impacientemente la información con respecto a esos niños. El libro era necesitado urgentemente para eliminar prejuicios. Estando acostumbrada a vivir intuitivamente, puse manos a la obra y fundé el Círculo de Luz de los Niños Índigo. Claro está que no tenía mucha idea de lo que iba a suceder a continuación.

Debido a mi predisposición de escribir el libro, se activó de inmediato mi conexión interna con los niños y con mi niña interior. El momento era perfecto: en aquel entonces iba a tener lugar el gran eclipse solar que suponía una fase muy intensa y desde muchas partes distintas se predecía un cambio determinante. Cuando comencé a investigar sobre el tema del libro, el proceso con mi niña interna, aquella niña que había venido al mundo hace cincuenta y dos años, volvió a ponerse en marcha y pensé: "Madre mía, aquí todo es diferente. ¿Cómo es que he venido aquí? ¡Habría sido mucho mejor quedarme en casa!" La época en la que escribí el libro se parecía mucho a vivir en una montaña rusa. A veces estaba arriba y a veces abajo, a veces todo estaba tranquilo y otras veces muy movido. Pero, gracias a Dios, yo estaba muy segura de mi guía interno. Gracias a los mensajes espirituales que recibía mientras escribí el libro, me enteré de que muchas personas que habían nacido justo después de la Segunda Guerra Mundial, se habían encarnado con una capa aurica de color índigo. Su tarea consistía en romper los dogmas y creencias rígidas de la humanidad. Los años sesenta son un buen ejemplo de ello. Mediante la paz y el amor, la humanidad podía encontrar la sanación y elevarse al siguiente escalón de la evolución. No obstante, la frecuencia energética de aquellos años aún era muy densa y muchos de los precursores –ahora llamados trabajadores de luz– tiraron la toalla. Eligieron un camino más bien dirigido hacia el interior, empezaron a meditar y las enseñanzas de Oriente encontraron en Europa cada vez más seguidores. Yo formo parte de esta generación y me sentía siempre correponsable para crear un nuevo mundo, fundado por y para la humanidad. Una cosa sí tenía muy clara: ¡No hay duda de que vivimos en una época extraordinariamente intrigante!

Espero que este libro le haya sido de ayuda para entender más y mejor a los niños índigo y su lectura le haya proporcionado un gran beneficio.

anexo

Glosario

ADN: el ADN (ácido desoxirribonucleico) es el portador de toda la información genética y se almacena en correspondencia con las bases. Partes del ADN que contienen cada una unos 600-1800 parejas básicas, conforman los así llamados genes que, a su vez, contienen las características hereditarias. El ADN es un polímero enorme y se compone de más o menos diez billones de moléculas en las cuales se almacena la sustancia heredada de nuestras células.

Alma: el alma forma parte de nuestro ser humano y es divina y eterna. Es parte de nuestro Yo Superior. El alma lo sabe todo y es perfecta. Nos transmite continuamente informaciones y se encuentra en un estado interactivo con seres que le rodean y es la parte de la familia que existe al otro lado del velo. Al alma también se la denomina el ángel dorado de nuestro interior.

Aura: campo electromagnético que envuelve al cuerpo físico y que se expresa mediante colores. Su vitalidad depende de los chakras. Ocupa el espacio alrededor del cuerpo.

Calendario Maya: sabiduría y conocimiento con respecto a las leyes del tiempo de la tercera y cuarta dimensión, expresados en un gran sistema de calendario de múltiples capas. Este calendario consta de dos partes: por ua parte el calendario Tzolkin de días que es básicamente un calendario de rituales. Sus veinte días se corresponden a un mes de los Maya. A cada día le corresponde además de un dios también un número del 1 al 13; este ritmo de 13 días configuraría a grandes rasgos nuestra semana. Por otra parte, el calendario Ha'ab de meses correspondía con sus 365 días al año solar y constaba de 18 meses Tzolkin de veinte días cada uno, además de los cinco días sin dioses de Uayeb, el decimonoveno mes de regulación.

Campo energético: zona cargada de energía electromagnética que envuelve a una entidad o un objeto. Dicha zona puede estar cargada positiva o negativamente o contener ambas cargas.

Canalización: transmisión consciente de mensajes verbales o no verbales de energías incorpóreas. Durante una canalización uno se abre conscientemente a los diversos niveles de comunicación, integrándolos. Las informaciones multidimensionales recibidas de esta manera se traducen o se transmiten en forma de palabras, imágenes, música y otros.

Chakra: los chakras se parecen a remolinos energéticos. En el cuerpo etérico existen muchos de estos centros y de todos ellos hay siete que se consideran centros principales. (Chakra raíz/rojo; Chakra umbilical/naranja; Plexo solar/amarillo; Chakra corazón/verde; Chakra de la garganta/azul; Tercer ojo/violeta; Chakra corona/blanco.) Cada uno de estos siete chakras vibra a una frecuencia de uno de los siete colores del arco iris y que producen la luz cuando se unen.

Compasión: sentir auténtica compasión incondicional significa perdonarse a sí mismo y a los demás. Compasión, a niveles superiores, significa reconocer dónde están los demás, amarles independientemente de que quieran o no crecer. La disposición de dejarles sus problemas cuando no están dispuestos a crecer.

Cuerpo de Luz: cuerpo electromagnético de un ser, tal como existe en el nivel etérico. Es el cuerpo verdadero ya que proporciona la holografía del cuerpo físico y posibilita la comunicación interdimensional. Cuando se trabaja con el cuerpo de luz, se dispone de medios para unificar la materia con la energía de tal manera que se tiene acceso a nuevos conocimientos superiores.

Dualidad: mundo separado de la unidad divina y convertido en los opuestos (arriba/abajo, frío/caliente, yo/tú). El tiempo, el espacio, la polaridad, la separación, la limitación y el karma son, entre otras, las premisas de la dualidad.

Enseñanza de los rayos: enseñanza que se basa en la Cábala, que es un de los sistemas de conocimiento místico más antiguos que todavía perdura y según el cual la fuerza divina se divide originalmente en siete rayos cósmicos que fluyen hacia la Tierra.

Espiritualidad: estar en conexión con las dimensiones espirituales sutiles; el conocimiento de las diferentes dimensiones de la existencia.

Familias del alma: grupos de seres que proceden de la misma esencia, que se sienten unidos y que, juntos, proceden de un conjunto mayor de almas. Las familias del alma trabajan juntas y se encarnan juntas desde el principio de los tiempos.

Fotones: son las unidades más pequeñas de actividad electromagnética; partículas elementales de luz o radiación que se mueven a la velocidad de la luz.

Frecuencia energética: todo vibra según su propio ritmo y su propia frecuencia. Los seres humanos, los animales, las plantas y todas las cosas materiales consisten en el fondo de energía que vibra en una frecuencia típica. Si usted sintoniza la radio con una determinada frecuencia podrá recibir algo determinado y podrá escucharlo. De la misma manera, nosotros podemos sintonizar con la frecuencia energética de otros seres dentro y fuera del universo.

Gluten: sustancia proteica elástica de centeno, avena y sobre todo de trigo que algunas personas no pueden digerir. El gluten se compone de gliadina y glutelina y es el responsable de que sea posible hornear la harina de trigo.

Hipotálamo: intercambiador hormonal del cerebro que controla importantes funciones corporales como la tensión arterial, la temperatura o el mecanismo de saciedad.

Karma & carga kármica: ley de causa y efecto. Lo que uno emite, más tarde o más temprano lo recibirá de vuelta. Karma también se define como: aprendizajes corporales, mentales y espirituales que se repiten a lo largo de muchas vidas brindando de este modo al alma la posibilidad de crecer. A veces también se llama "destino".

Kryon: entidad superior de luz, canalizada por Lee Carroll; Kryon nos transmite sorprendentes conocimientos con respecto a la vida en la Tierra, a la ciencia, la luz, la energía y otras muchas cosas. Kryon es amor puro.

Maestros ascendidos: maestros y guías que existen dentro de la dualidad y que han ascendido a través de la espiral de la evolución desde el nivel terrenal a dimensiones superiores.

Mónada: toda unidad simple e indivisible que posee un sentido por sí misma y desarrolla fuerzas que se despliegan hacia fuera.

New Age (Nueva Era): época de espiritualidad y unidad. También se suele hablar de nuestra época como la época (dorada) de acuario.

Paranormalidad: percepción extrasensorial. Capacidades paranormales como: clarividencia, percepción extrasensorial, telepatía, telekinesia, etc.

Pineal: glándula también conocida como epífisis. Se encuentra en el cerebro medio y rige la actividad cerebral y del resto del sistema nervioso. Convierte las señales que ha recibido de forma consciente a través de nuestros órganos sensoriales, en una reacción automática. En la epífisis se encuentran la consciencia y el inconsciente. Trastornos de este intercambiador conducen a la depresión. Una salud psíquica se basa siempre en una epífisis que funciona perfectamente.

Pituitaria: la glándula más importante del sistema endocrino. También llamada hipófisis, tiene el tamaño de un guisante y se asienta en una hendidura ósea del esfenoides, controlando todo el sistema hormonal. A parte de la producción de hormonas propias, influye también en la producción de hormonas de otras glándulas endocrinas.

Portal energético: un portal energético, por ejemplo el portal 11:11, de Solara (enviada de otro sistema solar y encarnada aquí para abrir este portal) se describe de la siguiente manera: un puente entre dos espirales evolutivas diferentes que ancla a uno de los lados en la dualidad y el otro en la unidad. Cuando nos unimos en una unidad consciente y nos convertimos en un solo Ser podremos pasar por este portal. En general también se puede decir que un portal energético es una oportunidad o una ventana para la propia evolución.

Proceso de ascensión: ascensión a dimensiones energéticas superiores. La modificación de la consciencia de la dualidad a través de diversas dimensiones hasta llegar a la unidad.

Quantum-Sanación Radiónica: desarrollo de la radiónica que parece muy interesante para el tratamiento de los niños índigo y que ahora es factible gracias al software moderno.

Red de rejillas mentales: para un clarividente, los cuerpos energéticos mentales y el espíritu universal pueden tener un aspecto de rejillas tridimensionales que se cruzan. Esta red de rejillas es dinámica y está en continuo movimiento. Puntos de luz que pulsan y forman un patrón determinado y cuando se forman pensamientos, éstos, fluyen libremente. Los pensamientos se hacen conscientes gracias a la red de rejillas.

Sanación/Healing: la mejor definición de sanación es: acomodarse en un lugar del mayor bienestar. También podríamos llamarlo "crecimiento", "expansión". Sanación significa ayudar a otros para que puedan intensificar su vitalidad y tono como no lo han experimentado nunca antes o ni siquiera se lo habían imaginado, para que su vida se vea guiada por dimensiones cada vez superiores.

Seres Superiores de Luz: seres de luz divina. Una luz que asume la forma de una figura (por ejemplo: un ángel) o cualquier otra forma para que nosotros podamos percibirla. La sabiduría más elevada de la luz.

Sistema inmunológico: el sistema inmunológico está configurado por un grupo de células, de tejidos y órganos cuya tarea consiste en proteger al cuerpo de sustancias y organismos que podrían enfermarlo. El sistema inmunológico es muy complejo.

Tercer Ojo: el sexto chakra se encuentra entre las cejas y es el asiento del «Ojo del Alma», del ojo interno de Dios. A través de este chakra se establece la conexión con las dimensiones espirituales que se pueden activar mediante la meditación o la consciencia. Es el lugar de la percepción extrasensorial.

Trabajadores de Luz: personas que se dedican conscientemente a la luz y que caminan decididamente el camino de la evolución espiritual y ayudan a otros para que también lo hagan.

Transmisión (Transferencia energética): poner a disposición la vibración energética para que el ser humano que sintoniza con ella pueda obtener una sanación. La transmisión ocurre según el principio de la resonancia. (Vibrar con la misma frecuencia).

Vibración de los niños índigo: cada persona tiene una frecuencia energética determinada. A esto hay que añadir que la humanidad o los diferentes grupos culturales tienen una determinada frecuencia energética colectiva. Los niños índigo tienen como grupo una frecuencia energética muy alta, es decir, vibran muy rápidos y están poco enraizados.

Yo Superior: Ser Crístico; presencia del Yo Soy; forma superior del sí mismo; cuerpo de luz que envuelve nuestro cuerpo físico y que contiene la fuerza divina.

El círculo de luz de los niños índigo

La meta y la visión del Círculo de los Niños Índigo consiste en ayudar a niños del mundo entero y ofrecerles nuestro apoyo mediante muchos proyectos.

El Círculo de Luz quiere proporcionar sobre todo mucha información y reunir a personas de todas las nacionalidades por lo que me gustaría animarles a compartir con nosotros y otros muchos buscadores, sus experiencias y conocimientos. Además hemos creado también una gaceta que publica las experiencias de padres, profesores, terapeutas y niños.

Durante las vacaciones escolares organizamos viajes especiales para padres y niños: «Nadar con ballenas & delfines» en Eilath/Israel.

Durante el verano también organizamos semanas de acampada para jóvenes y más adelante también tenemos previsto organizar acampadas durante todas las vacaciones de verano. Estamos trabajando en un proyecto de un «centro de comunicación» que permitirá en un futuro no muy lejano que los niños puedan pasar sus vacaciones junto a animales y en plena naturaleza.

El Círculo de Luz es muy activo en Internet bajo las siguientes páginas web:

www.indigokinder.de (en alemán)
www.indigo-kind.com (en alemán y holandés)
www.indigochild.net (en inglés)

A través del Círculo de Luz también puede solicitar diversos trípticos informativos:

Parte 1: ¿Qué es un niño índigo?

Parte 2: SAD & Hiperactividad.
 ¿Ritalina o tratamiento alternativo?

Parte 3: El color azul-índigo.

Seminarios

El Círculo de Luz de los niños índigo ofrece a padres, profesores y profesionales de la salud seminarios con los temas: «Vivir con los niños de la Nueva Era» y «El nuevo niño, métodos de tratamiento alternativos.» (Seminarios de uno o dos días.)

Además, Carolina Hehenkamp ofrece a lo largo del año un entrenamiento para Trabajadores de Luz, dirigiéndose especialmente a personas que quieren ayudar a otros, a familias y niños a encontrar la paz interior, una sanación emocional y una nueva alegría de vivir.

¡El mundo está muy necesitado de Trabajadores de Luz y los niños de la Nueva Era los necesitan especialmente! Este entrenamiento se centra especialmente en el desarrollo individual para convertirse en un Ser armónico que con su irradiación apoye y refuerce a los demás.

También se transmiten diversos métodos prácticos de sanación y técnicas de aconsejar para sesiones individuales y el trabajo en grupo.

Después de este entrenamiento usted puede solicitar un trabajo como director de seminarios en el equipo del Círculo de Luz de Niños Índigo. Si desea participar en cualquiera de los seminarios o entrenamientos diríjase a:

CAROLINE HEHNEKAMP
Elisabeth-Rössler-Str. 6
D-41366 Schwalmtal
Tel.: 0700-55332211

O:

INDIGO-KINDER LICHTRING
Postrasse 9
D-86937 Scheuring
E-mail: chehenkamp indigokinder.de

CASETES Y CDs:
Puede pedir casetes o CDs con ejercicios de meditación dirigidos por la autora, entre otros, para reforzar la concentración, para el enraizamiento y para la relajación. Puede solicitar información sobre las casetes dirigidas por Carolina Hehenkamp al Indigo Kinder Lichtring.

EL QUANTUM-HOLOGRAMA RADIÓNICO:
Si lo desea puede pedir particularmente o en colaboración con su médico (o terapeuta) un diagnóstico radiónico al Indigo Kinder Lichtring. Le enviaremos la información resultante. Gracias a este método podrá obtener mucha información e ideas con respecto a su hijo y le ayudará a comprenderle mejor. Después de esto, el médico o terapeuta puede elegir la mejor forma de terapia. O, también, puede decidirse por un tratamiento radiónico que abarcará por lo menos tres meses.

SUPLEMENTOS NUTRICIONALES:
Los suplementos nutricionales mencionados en este libro se pueden pedir a través del Indigo Kinder Lichtring por escrito o vía fax. (véase la dirección más arriba).

JUEGO:
Love & Laughter, el juego de la sonrisa se puede adquirir a través de Indigo Kinder Lichtring (véase la dirección más arriba).

Bibliografía

A continuación les ofrecemos una lista con la referencia bibliográfica de títulos que han sido citados a lo largo de este libro. Forzosamente sólo puede ser una selección. Se han añadido títulos de libros interesantes que tratan el mismo tema.

Capítulo 1: El índigo y su significado
BISCHOF, MARCO: *Biophotonen, das Licht in unseren Zellen*, Frankfurt, 1995.
DALICHOW, IRENE/BOOTH, MIKE: *Auro-Soma*, München, 1994.
GREGORY, LANETA/TREISSMAN, GEOFFREY: *Aura Handbuch*, München, 1995.
LIBERMAN, JACOB: *Die heilende Kraft des Lichts*, Bern-München-Wien, 1993.
MELCHIZEDEK, DRUNVALO: *Blume des Lebens*, Burgrain, 1999.
MELCHIZEDEK, DRUNVALO: *Blume des Lebens, Band 2*, Burgrain, 2000.
MUTHS, CHRISTA: *Farbterapie*, München, 1989.
TANSLEY, DAVID: *Aura-Soma*, Essen, 1993.
WALL, VICKY: *Aura-Soma*, 1992.
WALTHER, THOMAS/WALTHER, HERBERT: *Was ist Licht?*, München, 1999.

Capítulo 2: La personalidad índigo

HARTMAN, TAYLOR: *Deine Lebensfarbe – der Schlüssel zum Erfolg,* Bern-München-Wien, 1998.

KRYON: *Book I, Das Zeiten-Ende,* Überling, 1998.

TAPPE, NANCY ANN: *Understanding your Life through Color,* Starling Publishers, USA, 1982.

Capítulo 3: Una educación apropiada para los índigo

ATWATER, P.N.H.: *Children of the new Millennium,* Three Rivers Press, USA, 1999.

BOWMAN, CAROL: *Children's Past Lives,* Bantam Books, USA, 1997

BREGGGIN, PETER R.: *Talking back to Ritalin,* Common Courage Press, USA, 1998.

BUNDESMINISTERIUM FÜR BILDUNG UND FORSCHUNG: *Begabte Kinder,* finden und fördern Bonn, 1998.

CARROLL, LEE/TOBER, JAN: *Die Indigo Kinder,* Burgrain, 2000.

EMOTO, MASARU: *The Message from Water.* Kado Kyoikusha, Japan, 1999.

GORDON, THOMAS: *Familienkonferenz,* Hamburg, 1972.

HARTMANN, THOM: *Eine andere Art, die Welt zu sehen,* Lübeck-Berlin-Essen, 1972.

HELLINGER, BERT/HÖVEL, GABRIELE TEN: *Anerkenne was ist – Gespräche über Verstrickung und Heilung,* München, 2000 (10ª edición).

IRWIN, ANNE: *Lieben statt erziehen,* Freiburg, 1999.

KLASEN, EDITH: *Legasthenie, umchriebene Lese,* Rechtschreibstörung, 1999.

LOWE, PAUL: *In Each Moment,* Devon Ronner, England, 1998.

ROMAN, SANAYA: *Sich dem Leben öffnen,* Ch-Interlaken, 1987.

TRAUTWEIN, VERENA: *Die Kraft der Lichtspriale,* Gülleshaeim, 2001.

TRUNGPA, CHÖGYAM: *Das Buch vom meditaven Leben,* Reinbek, 1991.

VISSELL, BARRY & JOYCE: *Partner auf dem Weg der Liebe,* Grafing 1987.

RUBNER, JEANNE: *Vom Wissen und Fühlen,* München, 1999.

RULAND, JEANNE: *Das grosse Buch der Engel,* Darmstadt, 2001.

SATTLER, JOHANNA: *Der umgeschukte Linkshänder, oder der Knoten im Gehirn,* Donauwörth, 1995.

SHAHASTRA: *Der wunderbare Regenbogenmann*, Freiburg, 1994.
WEBB, JAMES/MECKSTROTH, ELISABETH A./TOLAN, STEPHANIE S.: *Guiding the Gifted Child*, Ohio Psichology Press, USA, 1982.
WELLER, STELLA: *Yoga kinderleicht*, Neuhausen, 1998.
WINDELS, JENNY: *Eutonie mit Kindern*, München, 1984.

Capítulo 4: La salud índigo
ARNOUL, FRANZ: *Der Schlüssel des Lebens*, St. Goar, 1994 (2ª Edición).
BATMANGHELIDJ, DR. MED. FARIDUN: *Wasser, die gesunde Lösung*, Freiburg, 2000.
BRENNAN BARBARA ANN: *Lichtarbeit, Das grosse Handbuch der Heilung mit körpereigenen Energiefeldern*, München, 1989.
BREGGIN, PETER R.: *Reclaiming our children, a Healing Solution for a Nation in Crisis*, Perseus Press, USA, 2001.
BUENGER, PETER VON: *Physik und Traumzeit*, Altkirchen, 1997.
CLAUSNITZER, CHRISTEL: *Bachblüten fur Konzentrationstörungen bei Schülern*, München, 1997.
COUSENS, GABRIEL: *Ganzheitliche Ernährung*, Frankfurt, 1995.
EPSTEIN, DONALD: *12 Phasen der Heilung*, Freiburg, 1996.
ERTL, ANTJE: *Kinesiologie fur Gesundheit und Lebensenergie*, München, 1997.
FLANAGAN, PATRIK/GAEL CHRYSTAL: *Elixier der Jugendlichkeit*, Ritterhude, 1992.
GIMBEL, THEO: *Healing through Colour*, C.W. Daniel Company, Grossbritanien, 1980-01-04.
KONEBERG, L./FÖRDER, G.: *Kinesiologie für Kinder*, München, 1998.
PAULING, LINUS: *Das Vitamin-Programm*, München, 1998.
PIES, JOSEF: *Immun mit Kolloidialem Silber*, Kirchzarten, 1989.
SCHEFFER, MECHTHILD: *Bach Blütentherapie, Theorie und Praxis*, München, 2000.
SIMONS, ANNE/RUCKER, ALEXANDER: *Gesund länger leben durch OPC*, München, 2000.
SIMONSOHN, BARBARA: *Die Heilkraft der AFA-Alge*, München, 1994 (2ª edición)
STONE, RANDOLPH: *Pularitästherapie*, München, 1994 (2ª edición).
TANSLEY, DAVID: *Chakra-Rays and Radionics*, C.W. Daniel Companz, England, 1984.

Teschler, Wilfried: *Das Polarity Handbuch*, Aitrang, 1994, (4ª edición)
Thie, John F.: *Touch for Health*, TH Enterprises, USA, 1987.

Capítulo 6: Cambio bajo el signo índigo
Lee Carroll: *Kryon, Buch II, Denke nicht wie ein Mensch*, Überlingen, 2000.
Lee Carroll: *Kryon, Buch III, Alchemy of the Human Spirit*, The Kryon Writings, USA, 1995.

Capítulo 7: Historias índigo
Kielburger, Craig: *Befreit die Kinder, Die Geschichte meiner Mission*, München 1998.

Bibliografía en castellano

Cabobianco, Flavio y Marcos: *Vengo del Sol.*
Carroll, Lee, Jan Tober y Yazmin Venegas: *Los niños índigo.*
Carroll, Lee y Jan Tober: *Los niños índigo,* Ediciones Obelisco, Barcelona, 2002.
Carroll, Lee y Jan Tober: *Homenaje a los niños índigo,* Ediciones Obelisco, Barcelona, 2003.
Lauren, Phoebe: *El niño de las estrellas,* Ediciones Vescia Piscis.
Linares, Nina: *Niños índigo* (de venta sólo en México).
Palus, Jackie: *Un saludo de los niños del más allá,* Ediciones Vescia-Piscis.
Paoli, Maria: *Niños índigo, nuevo paso en la Evolución.*
Piedrafita Moreno, José Manuel: *Niños índigo. Educar en la nueva vibración* (ISBN 84-931477-8-8).
VV.AA. *La consciencia índigo. Futuro presente,* América latina 2002, Fundación INDI-GO.

Índice

Introducción 7
Agradecimientos 15

Capítulo 1: El índigo y su significado
1. ¿Qué es un niño índigo? 17
   ¿Luces o sombras de la personalidad? 21
   ¿En qué se diferencian los niños índigo
      de otros niños? 21
2. Características del color índigo 25
   Los escalones índigo del aprendizaje 28
   El color índigo y sus correspondencias
      a otros niveles 29
3. Luz y color 31
   ¿Cómo se produce el color? 32
4.   Los colores de la vida 34

Capítulo 2: La personalidad índigo
1. ¿Cómo podemos reconocer un niño índigo? 41
2. Características de un niño índigo 44
   Las debilidades de la personalidad índigo 45
   El lado fuerte de la personalidad índigo 47
3. Tipoligía de los niños índigo 48
   El humanista 50

El conceptualista	53
El artista	55
El interdimensionalista	57
4. La nueva ola de niños de los años noventa	60
5. Las relaciones y la personalidad índigo	63

CAPÍTULO 3: Una educación apropiada para los índigo

1. Guiar y educar a los niños índigo	69
¿Qué nos puede ayudar durante la fase de adaptación a las nuevas exigencias?	72
2. ¿Cómo se enfrenta un niño índigo a un problema?	78
Aburrimiento	78
Concentración y atención	81
Resistencia y cansancio	86
Comportamientos sociales	88
Hiperactividad e inquietud motora	93
Miedo y valor	102
Frustración y agresividad	104
Emociones y sentimientos	106
Sentido del tiempo	107
Niños zurdos, niños de hemisferio derecho	110
3. Once reglas de oro para criar a un niño índigo feliz	112
4. ¿Dificultades de aprendizaje o talento?	115
¿Qué significa realmente talento?	116
5. El test de coeficiente intelectual (CI)	119
6. Aprendizaje alternativo	121
Escuelas Montessori y Waldorf	121
Eutonía	125
Menor número de alumnos y profesorado especializado	127
Ejercicios de yoga en el colegio	127
Braingym	128
¡En Taiwan enseñan los niños!	129
Seres humanos obsesionados con el aprendizaje (Taiwan)	129

Capítulo 4: La salud índigo
1. La salud de los niños índigo 131
2. Alimentación 137
   Suplementos alimenticios 142
3. ¿Psicofarmacos o terapias naturales? 148
4. Métodos alternativos de curación para los niños índigo 153
   Kinesiología 154
   Biorresonancia 157
   Radiónica 158
   Neurofeedback 159
   Flores de Bach 160

Capítulo 5: Auto-test para niños índigo 161

Capítulo 6: El cambio bajo el signo índigo
1. Un proceso de cambio a nivel mundial 169
2. El cometido espiritual de los niños índigo 173
3. Las capacidades de los niños índigo 174
4. ¿Por qué vienen los niños índigo ahora? 176
5. Mensajes espirituales 177
   La humanidad ha firmado un contrato del alma
      con los niños índigo 177
   La era de los niños índigo 177
   La fuerza de los pensamientos 179
   La presencia del «Yo Soy» 181
   Llamar a Dios por teléfono 182
   La espiritualidad auténtica 183

Capítulo 7: Historias índigo
1. Expectativas erróneas 185
2. Proyectos nuevos: Free the Children 189

Capítulo 8: Ejercicios índigo
1. Cargar energía 191
2. Respirar colores 193
3. Equilibrar el aura con un cristal amatista 194
4. Love & Laughter: el juego de la sonrisa 196

Epílogo: ¿Porqué he escrito este libro? 199

Anexo
Glosario 203
El Círculo de Luz de los niños índigo 211
Seminarios 213
Bibliografía 215